祖父張聰明是煤礦富商，父親是抗日的知識菁英，
為張超英（祖母懷中）開啟一個不同於平常的傳奇人生。

張超英的祖父張聰明以擔任日本籍律師的翻譯發跡。
這張祖父母合影是張家最早的照片，大約攝於一九一三年間。

張超英的父親張秀哲（中）小學畢業就被送去京都，
託台灣第一位醫學博士杜聰明代為照顧。

張超英父親（中），一九二〇年代初到香港讀中學，
能說流利英語和廣東話。

祖父開煤礦致富，祖母葉月則熱中教會活動，
口頭常掛說:「嘜甲人計較（別跟人計較）。」

一九三三年，祖父母及其養女張愛治（戴帽女孩）在台北家中合照。
左上三張分別是住在東京的父親張秀哲、
姊姊張超雄、媽媽和她懷裡的張超英。
戰前照片常以附合方式把缺席者補上。

張超英（右一）與姊姊超雄到彰化外祖父家留影。
外祖父（甘得中）是台灣民族運動史的知名人物，曾任台中州州會議員。
圖中前排兩位小孩是小舅舅甘以昌、甘宗昌。

張家洋樓戰前曾是中華民國駐台灣總領事館,
位於今台北市中山北路台泥大樓正對面,
地址是「宮前町九十番地」。

此照為前員林街長（鎮長）張清華（前排中）五十三歲生日在台北名店蓬萊閣宴飲後的紀念照。
站者從右到左分別是代理香港屈臣氏的巫世傳、總督府評議員鍾幹郎、祖父張聰明、
汐止大煤商周再思、台北藥商蘇穀保、曾任西螺街長（鎮長）長達十四年的廖重光。
座中女士並非他們的太太，而是蓬萊閣的小姐，
她們不是藝旦、藝妓，不做表演，只夾坐在宴席中，與客人調笑聊天。

這張一九三七年舊相片跟戰前一般正經嚴肅的團體照非常不同，
輕佻在幾個男人的姿態上隱隱浮游；有用左手拇指撐著下巴，手肘輕觸身旁女人的細肩，
也有一名女士的肩被後方來的一隻手搭著。
祖父張聰明（後排右二）似乎也應照相師要求，刻意抬高捏著菸的手，營造氣氛。

張超英母親甘寶釵為日本女子大學畢業生，
受高等教育，有現代觀念，
一九二〇年代，二十幾歲就剪了一頭前衛短髮、穿著時髦的洋裝。

上圖：祖母（左二）和鄰居張鴻圖太太周慈玉（右一）等教會教友同遊中國杭州靈隱寺，
與飛來峰千年彌勒佛和十六羅漢的石像合影。

下圖：一九四〇年左右，張超英和姊姊超雄、
祖母的養女阿霞及愛治（自右而左）攝於自家庭院。
戰前台灣人只有富家才有養寵物狗的風氣，眾人跟前臥著的正是張家的愛犬，
毛色金黃，有個洋名，叫Charlie(查理)。父親從海外帶回時，宣稱牠是莫斯科的狗。

這張合照頗具歷史性，照片內中盡是近代知名的台灣歷史人物。
中坐白沙發者為日本前拓殖大臣永井柳太郎，一九三五年攜長子永井明雄（坐左一）
來台參觀台灣博覽會，林獻堂（坐右一）出面邀宴。

陪客盡著名的官商紳，後立者從右到左分別為張超英祖父張聰明、
外祖父甘得中、《台灣新民報》編輯局長林呈祿、大成火災保險會社創辦人林熊光、
黃呈聰、總督府評議員郭廷俊、律師蔡式穀、總督府高級官員劉明朝、
報人葉榮鐘、台灣新民報社專務取締役羅萬俥、杜聰明博士、
板橋林家的林柏壽、霧峰林家的林資彬、呂靈石、大東信託專務取締役陳炘。

一九五○年代初，十七、八歲的張超英到香港念英國人辦的貴族式中學，
每天戴雷朋眼鏡到海邊游泳，自己登報聘請美國太太當英文家教，
請英文老師上法國餐廳，也學會叼雪茄。

Dec,
Hongkong
Mountain
Top.

1951

上圖：中學未念完，隨祖父的香港貿易團跑去東京，
進入日本自由教育重鎮「文化學院」。

下圖：在東京划船。

一九五六年在美軍基地的商店買時髦東西。

牛込天神町
新宿駅西口

手荷物

出札口
BOOKING OFFICE

張超英的大學階段在東京度過，就讀明治大學，生活依舊多采多姿；
在銀座擦皮鞋、去伊香保泡溫泉、喝咖啡、和同學打麻將。
戰後之初，日本同學經濟多不好，清一色穿制服，只有他天天穿西裝上學。

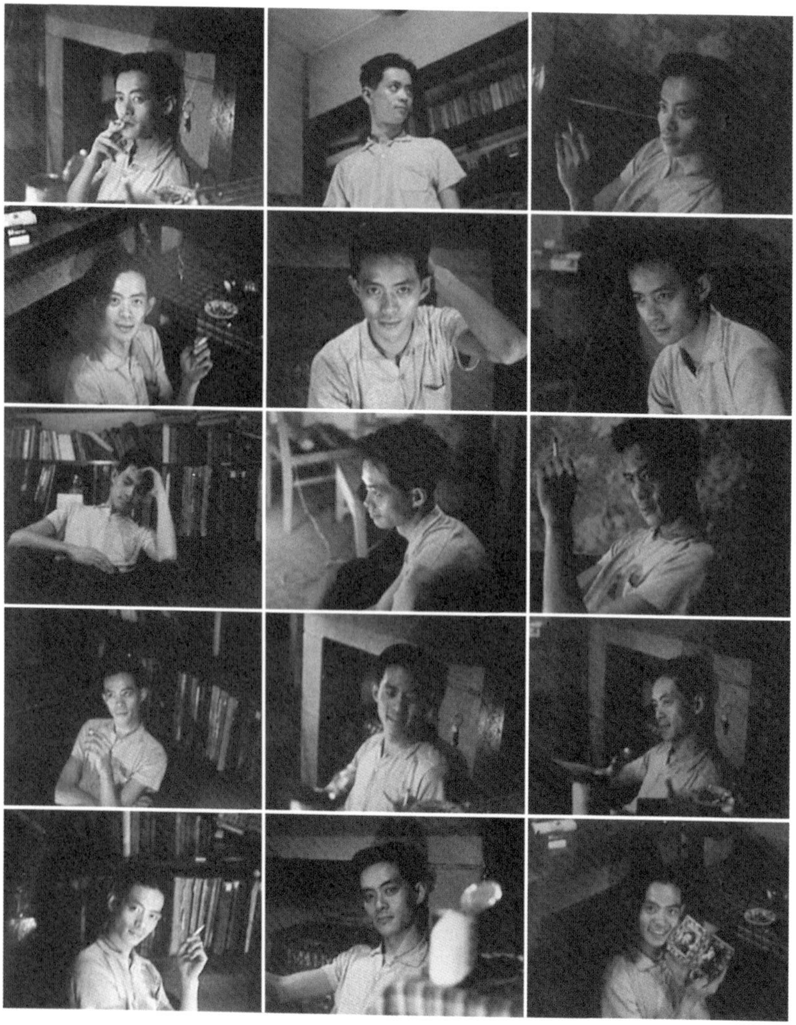

大學時代，在租屋處，朋友中川重光為張超英拍下少年疏狂的一面。
中川重光的父親曾任秋田縣男鹿市市長，
中川家族在秋田經營「秋田海陸運送會社」等事業。

大學畢業前搬進東京新宿的矢來町。

張超英兼具日英文能力，擔任新聞局的聯絡官，接待各國要人，
既開拓視野，日子也充滿新鮮刺激，並開始承擔拍攝台灣紀錄片的工作。

上圖：太太顏千鶴拿到圖書館學碩士學位，
找到圖書館員工作，成為小家庭的經濟主力。

下圖：長女（後左）、次女（後右）、長子
和ABC知名主播Harry Reasoner合影。

張超英在美國開展人際網絡，總是全家總動員。

上圖：帶著大女兒、二女婿（右一）、長子（左一）拜訪紐約的參議員。

下圖：妻子與CBS主播Walter Cronkite合影。

上圖、左上圖：安排讀賣集團到台灣拍攝故宮寶物，
建立和讀賣集團會長小林與三次的關係，
並因此獲得當年保舉最優公務人員，由當時的行政院長孫運璿頒獎。

下圖：和前文部大臣永井道雄（前左一）有四代世誼，
幫助了張超英（後左二）打開日本媒體的管道。
圖中坐者，Donald Keene（前右）是美國哥大名譽教授，
國際公認的日本文學專家，翻譯日本古典文學《萬葉集》。
Gerald Curtis（前中）是哥大東亞研究所教授、《Newsweek》日文版的特別顧問，
曾榮獲日本「國際交流基金會獎」。

上圖：張超英（左一）安排新聞局長宋楚瑜夫婦（右二、三）
拜訪熊本縣知事細川護熙，
後由細川夫人（左三）招待參訪細川家族的成趣園。

下圖：張超英（左一）透過友人、日本電視公司副社長氏家齊一郎（右一）
安排，讓新聞局長宋楚瑜（左二）在輕井澤的高爾夫球場
密見首相中曾根康弘（右二），功高震主，預告了必須離開東京退休。

上圖：宋楚瑜夫婦在東京試打柏青哥。

下圖：多次和宋楚瑜在日本各地參訪後，雙方夫婦結成好朋友。

張超英終生拒絕加入國民黨，做事只問對台灣是否有利，不分黨派，
對台北市長陳水扁訪日，一樣盡最大力量安排。

上圖：二度赴任東京，舊友多任媒體高層，事情做起來得心應手。
圖中後右起為東京電視社長、日本短波放送社長、張超英。

下圖：張超英小時候就認識辜振甫，辜振甫代表台灣到大阪參加APEC時，
張超英為了宣傳，強拉辜振甫馬不停蹄受訪，看到了辜振甫為國家鞠躬盡瘁的精神。

張超英（右）當官三十幾年，不願哈腰屈膝，不去送往迎來，從未官僚化，
連和總統合照，都忘記身體該微退在後，竟把李登輝總統檔到自己的肩後去。

上圖：二度赴日前，張超英請求和李登輝總統可直接打電話，
以方便他安排邀請日本要人來台。
圖為李登輝接見前首相中曾根康弘之子中曾根弘文（右三）議員。

下圖：張超英穿梭請來日本經營之神松下幸之助的文膽江口克彥（左二），
帶三位隨員，到鴻禧山莊李登輝（中）家裡訪問，寫成《台灣的主張》，
要把李登輝和台灣民主成就推向國際。

上圖：二〇〇三年張超英闔家照。前排右起司凱文（大女兒長子）、司甘來（大女婿）、張超英夫婦、張可人（二女婿）、張君怡（二女兒之女）。
後排右起張家瑜（大女兒）、司寶安（大女兒之女）、張致瑜（長子）、張達怡（長子之長女）、琳達（媳）、次女張得瑜（左二）、張君立（次女之長男）。

左上：二〇〇三年在美國麻省靠近Tanglewood的別墅。

左下：卸下公職，一切已為台灣盡力了，於是，寵辱隨風遺忘，張超英繼續開小飛機，徜徉天際，過他自己的快意人生。

宮前町九十番地

張超英 口述◆陳柔縉．執筆

目錄

推薦序　世家子弟——阿舍・黑狗兄

李昂／作家

認識張超英先生多年，他如此精采的家世與生平，讓我都想用筆記錄下他的故事，可惜彼此忙碌，未能如願。

現看到陳柔縉女士花了十二年的時間完成此書，張超英先生種種有趣、特殊的事蹟躍然紙上，我一面看一面想：

真比小說還精采。

很少人有像張超英先生這樣的家世，在此先簡單做個陳述。第一代張聰明先生白手起家，靠礦業成為鉅富，時值日本時代早年。第二代張月澄先生，研究台灣近代歷史、文化的人，都會知道這位抗日人士，為追求台灣的自立自治被抓被關。

好不容易二戰日本敗戰，張月澄先生像當年企望祖國的台灣菁英分子，等到的是二二八殘酷的鎮壓與屠殺，雖未失去生命，家族花了極大的代價將他救出鬼門關，但從此幻滅，鬱鬱以終。

第三代便來到了張超英先生，他就是本書的主人翁。當然是含著金湯匙長大，本書最精采的部分是看著他娓娓道來如何十三歲與台灣當時首富吃飯，富貴如這位台灣商業鉅子，吃的也不過是一碗切仔麵，而且隔天中午即因病驟逝。

這給了當時年僅十三歲的張超英先生很大的啟示：

「我開始隱約感覺擁有很多錢的虛無，覺得知道怎麼賺錢並不重要，知道怎麼花錢才是人生更重要的事。」

這幾句話無疑道出了一位「阿舍」的真正心聲。張超英出生時家族已富到第三代，生在日本，在香港求學、住過上海，在東京受完大學教育。小時候便見過最繁華的大都市裡的大排場，以及都市邊緣人飢餓、凍死路邊的慘狀。這些，都像「大觀園」裡的「賈寶玉」，很容易參透人生的無常吧！

童小到青少年的回憶，是我個人最喜歡的本書部分。我們看到一位富過三代的「阿舍」，而且是位十分善良、有點柔弱易感的年輕人，更重要的是，長得文秀而好看。我常和張先生開玩笑，如果他生在今日，不知會引來多少女性的主動追求呢！

這位既是「阿舍」又是「黑狗兄」的世家子弟的生活，兩代獨子當然倍受寵愛，尤其母親早逝，沒被寵壞多半來自他本性純真善良吧！

我們看他坐上卡車踩油門就往前開；有第一部台灣的速克達，在二戰物資匱乏時，從上海帶來值四、五百塊美金呢！當然也讀到他怎樣在上海喝到第一口可樂，感嘆「怎麼有這樣好喝的東西」，而後，一輩子最愛的飲料便是可樂。

我認識張超英先生時，看到他年紀不小，但還像孩子一樣的嗜喝可樂，真覺得這位可愛的「黑狗兄」，一輩子真的是個「阿舍」。

「阿舍」形容的是張超英先生的氣質，他絕非我們刻板印象一事無成的「了尾仔」。隨著二二八之後家道不如以前，張超英先生靠著自己的能力在新聞局工作，拍紀錄片獲獎，開工作室，而且最重要的，在時代的洪流中，見證到了幾個重大的歷史片刻。比如蔣經國在美國遭刺殺未成那次，他在現場。中國進聯合國後台灣成為外交孤兒；張超英先生藉著家中累積的日本關係、人脈，讓宋楚瑜能在高爾夫球場「偶遇」日本首相，都充分展現他的能力。

而且，張超英與賢慧能幹、同樣家世良好的太太顏千鶴女士結婚後，生育出色的孩子，有的還在科技界頗有成就，打破「富不過三代」這樣的說法。

從祖父靠礦業成鉅富，父親是日本時代聞人張月澄先生一代，在日本讀書時坐自家黑頭車，請有祕書，學生有此排場，到花了大把的錢抗日。到張超英這一代，年輕時代享盡榮華富貴的生活，這本書記載的，當然不只是張家的家族史，毋寧也是台灣的一頁近代史吧！

但我個人最喜歡的，仍然是這個有點害羞、十分可愛的「阿舍・黑狗兄」。畢竟，像張超英先生這樣的世家子弟，隨著過去的台灣，不會再以這樣的方式重現了。

那麼，讀者不妨從書中，體會一下那個過去的時代，台灣人的風華吧！

推薦序　超越時代與國境框架的自由人

劉黎兒—資深媒體人、作家

我一九八二年到日本，二〇〇四年離開新聞界，目前依然住在日本。張超英二度派駐日本當東京新聞處處長而大顯神通時，我是見證人；許多的功績和張超英這個人，也是我離開新聞界之後，更能客觀地來下定論，以及確認自己受了張超英先生什麼影響。

我到日本不久，接任《工商時報》特派員（後來才出任《中國時報》特派員），張超英便馬上要我加入日本記者俱樂部，他認為不僅是外交官，台灣特派員加入關鍵性的組織，也是增加台灣發言權的做法，但要成為會員需要兩家日本報社推薦，張超英為我安排了他關係深厚的《河北新報》，以及《長崎新聞》（前身為《長崎日日新聞》）當我的推薦人，讓我順利入會，協助台灣的特派員大量加入日本記者俱樂部，也是張超英的功績之一，不過跟其他的功績比較起來，連提都不值一提吧！但最初沒邦交而能打下這塊地盤，也是靠他了解日本人，又擁有日本人較為脆弱的新聞自由、民主自由的理論武裝，才能理直氣壯去爭取到的吧！

當時我對日本圓的扁的都還搞不清楚，不僅跟日本全國性大報關係稀薄，對地方報更是無知，只是對《河北新報》的「河北」覺得有趣。當時還未開放到大陸探親、觀光，地理課本上讀的河北居然在日本邂逅到，奇妙無比，要等日後我在栃木縣的那須有個家，常去附近的白河等小鎮玩，才知道原來河北是指白河以北的日本東北（陸奥）地方；因為當初加入不易，即使離開新聞界，但還為報紙、雜誌撰寫時事評論，至今我都還維持日本記者俱樂部會員身分。

張超英第一次到任後，便很積極展開對《產經新聞》以外報社的交流，尤其是推動《朝日》、《讀賣新聞》等的關係，日本新聞界是比肩看，尤其是兩大報報導的話，其他報也都會積極跟進，但如此做法引來有人批判張超英「大小眼」，其實這與日本媒體習性有關，亦即擒賊擒王，「大小眼」是一種權宜措施，而且要「大小眼」很不容易，因為大的地方很難攻破，日本媒體人士都有輪調制度，張超英到任當初，除了《產經》之外，其他媒體的名單都是失效的陳年名單，早已換了不知道多少輪，一切從零開始去衝刺。在美國工作一、二十年的張超英也注意到，歐美媒體派駐東京的單位總控整個亞洲的報導，因此跟派駐東京的歐美特派員打好交道，也等於控有全世界媒體，東京新聞組的作用因此可以發揮到極致。

在二十幾年前，我剛到日本時，日本關於台灣的報導只有女人來賣春與走私毒品等，形象很差，認識很有限、荒謬，甚至有日本人還認為台灣人是生活在熱帶雨林裡吃香蕉等；張超英告訴我，他的原則是只要日本記者願意去台灣，他不會以任何條件來束縛的，果然開始在一些雜誌、綜藝節目等也都開始出現台灣的相關鏡頭，從軟性到硬性消息，「台灣」兩個字開始在日本媒體上登場。

許多大報記者都跟我說：「因為去過台灣，我們是用我們的肌膚來感受台灣的民主，實感到與中國的不同！我們跟報社內部已經成為化石的老左派不一樣。」因為平時不斷積極與日本媒體建立關係，在關鍵時便見真章，如一九九四年廣島亞運時徐立德代替李登輝出席，按理「徐立德」三個字的日文發音很聱牙，但日本電視主播都不得不學會念這三個字，其後一九九五年辜振甫出席大阪APEC（亞太經合會）等，台灣出席問題均成為日本報導焦點，每天見諸頭版頭條，因為新聞操作成功，因此代理出席比李登輝本人出席效果要好千萬倍，最後集大成是一九九六年張超英促使二十幾位日本記者跟李登輝訪美，這樣的成果在當時根本是破天荒、難以想像的。

單單這三大次新聞操作，換算成廣告價值至少是上兆日圓計算吧！在張超英時代，日本媒體有關台灣的報導與日俱增，新聞局駐日的新聞組也開始能每年彙整出一本厚厚的統計與重要剪報，張超英並沒有強調這點，或許也是無意將功績全部算在自己身上。

張超英發現在日本要宣傳台灣，打李登輝牌是比較容易做的，不僅李登輝訪美，還有積極拉線促成的《台灣的主張》日文版賣了二十萬本以上，擴張了李登輝在日本的影響力，也是讓李登輝被北京視為首位罪魁的原因。

張超英的手法也讓我學習模仿過一次，亦即二〇〇一年十一月我得知剛卸下巨人職棒監督職務的長嶋茂雄有意到台灣觀看世界盃的日本隊的比賽，正好自己跟讀賣集團有關係，便安排當時駐日代表羅福全跟讀賣人士一起去拜會長嶋茂雄，並邀請他訪台，長嶋快諾，因為長嶋到台灣，日本電視（NTV）便轉播了日本隊在台灣的比賽，而且共有百位記者同行，大概是台灣連續出現在日本電視鏡頭上最久的紀錄，我暗自竊喜。

不過正如我自己牽線的這次經驗一樣，做的是日文所謂的「裏方」（編按：うらかた，在背後出力的人）的幕後黑子的工作，如果今天沒寫出來，誰也不知道，張超英做過千萬件比我規模、影響力更大的幕後工作，但若非他這次自己用回憶錄形式道出，或許天下人很快就會忘懷，而且加上他曾經不斷幫他覺得有知遇之恩的宋楚瑜，更惹上額外的政治恩怨，讓他更沒機會得到應得的正面評價；也讓我覺得我這樣的文字工作者其實是占盡便宜，寫什麼都讓天下人知道，不像張超英這樣應該在日台交流史扮演重要地位的人，至今華人世界對他並不大清楚。

日本外務省主管中國政策的官員曾經對我說：「妳對張超英那麼肯定，可是在我們看來他未免太『強引』了，不像在做外交！」「強引」就是強硬、蠻幹的意思，我內心想：「以當前日台現狀，不稍微強硬些，台灣就什麼國際地位都爭取不到的！

日本也不會主動給台灣的！」而且我也知道，張超英是超出外交框架在做事，但絕不是蠻幹，他深知日本人講求人脈關係，他在日本曾經住過文化學院創辦人西村伊作家裡、又跟曾任文部大臣及《朝日新聞》客座主筆的永井道雄是世交等，關係赫然，加上本身涵養、談吐都有魅力，在日本自然很吃得開。我也因為他的關係認識了某些日本媒體人士，如《朝日新聞》著名的「天聲人語」（編按：《朝日》始刊於一九〇二年的著名社論專欄）作者的白井健策等，後來也代張超英去出席白井感人的喪禮！

書中提到的《讀賣新聞》記者戶張東夫，當年也曾經對我說過：「日台關係中應該特別列出張超英時代的一個章節，有張超英跟沒有張超英，日台關係其實是截然兩個不同的世界！」當時我同意他的看法，即使其後有些現實政治干擾，我的看法現在也沒有改變，張超英這樣的人可以在沒有舞台的地方創造出舞台來，這是他偉大的地方。當然有些或許是時代讓他很容易去打拚，例如「為台灣」、「台灣民主化」的價值，在一九八〇年起的二十年是比較容易認同的，也會讓在海外的人有衝勁，不顧一切地奮身前衛，但二〇〇〇年之後就是認同等都逐漸比較困難的時代，要有如張超英的神力不可能的同時，要單純地衝刺也不容易。一九八〇年代起到亞洲經濟危機為止，經濟看好的台灣在亞洲的發言權也很大，或許也助長了台灣各種國際宣傳工作的聲勢，亦即那時的台灣說話可以比現在大聲多了，或許也有時代幫了張超英一把的小因素存在吧！

不過最主要的是，我到現在才體認到張超英是一位真正自由的人，沒有非常強烈的意識型態，對現實利害並不計較，才能跳脫官式框架乃至時代、國境的框架，或許也跟他優裕的成長背景有關係；有許多餘裕的大少爺才能不計較的，或許這正是我這種普通人家出身的人所難及的。

我生平最不喜看自圓其說的回憶錄，但張超英的敘述精確平實，加上陳柔縉深厚的日治時代史學素養，算是我自己第一本可以接受的回憶錄，讓我很羨慕張超英有一個可以如此敘述的精采人生。真正自由人的他直呼高官權貴的名字，我也想仿效，只稱他為張超英，就算當著面這樣叫他，他也不會生氣吧！

自序

張超英

「宮前町九十番地」是我老家舊址，即現在台北市中山北路台灣水泥公司的對面，佔地一千多坪。這個地址在台灣近代史上有兩個特殊意義。

日本時代，我父親張月澄（又名張秀哲）以象徵性的一圓日幣租給中華民國駐台領事館，他的本意是「能讓自家屋頂上飄著中華民國國旗」，不亦樂乎。當時台灣人在日本統治下是二等國民，滿腹的壓抑，能看到「祖國」的國旗在自家飄揚，不免也是一種紓解。

祖父當時是台灣煤礦界的資產家，雖然表面親日，但私底下也不反對父親的決定。為了提供這棟自宅，祖父特地在同址後院加蓋一棟一模一樣的洋樓，我們一家人就從前院搬到後院。

家父學生時代（一九二〇年代）靠著在台灣的祖父無限制的經濟支援，致力於反日運動，在廣州組織「廣東台灣革命青年團」，並出版《台灣先鋒》，鼓吹中國革命「勿忘台灣」。這一群台灣學生夢想著藉由中國革命成功來解救台灣人民脫離日本統治，現在看來真是「頭殼壞掉了」。更諷刺的是，二二八事件後不久，家父也與一般台灣知識分子一樣遭受國民黨逮捕，在死刑前獲救，夢碎也心碎。

二次大戰後，國共鬥爭，蔣介石節節敗退，他手下的情報首腦毛人鳳奉命先來台灣布署，毛人鳳的落腳地也是我家。這次，屋頂上不是飄著國旗，而是架設各式各樣的無線電天線，院子裡更擺著準備隨時給蔣介石使用的三部美國產的豪華大轎車，一字排開，頗為壯觀。

我的母親甘寶釵是彰化名紳甘得中的長女，彰化女中第一屆畢業，也是當時女孩子到日本留學的先鋒之一，就讀於至今仍享有盛名的日本女子大學。在一九二〇年代，她因深受日本西化的影響，自由、平等、人權的理念深植心中，主張女子剪髮，投入社會服務。剛好父親也在報上呼籲提高婦女人權，兩人有相同的革命理念，相互傾慕，而結成連理。

身為他們的獨子，體內或許也流著相同的熱血，一心所想，就是本於自由、民主、人權，要提高台灣人的尊嚴與地位。在我人生歷程中，經過了日治時代、威權時代、李登輝時代以及現在的本土時代。在各階段中，為了反對不自由、不民主、不公義而迸發出不同的火花，也為了執著於這個理念，在我人生各階段，有人說我是「漢奸」，也有人說我是「台奸」，有人把我歸為「宋派」，更有人指我是「只會花大錢的公子哥兒」，對這些指稱，我總是一笑置之，從不放在心上。

記得二〇〇〇年那次選舉前，我公開發表「同時支持李登輝與宋楚瑜，對我來說並不矛盾」，引起很大議論。其實，我的信念只有一個，凡是為自由、民主、公義理念而奮鬥的人，我都會無條件支持。可惜二〇〇〇年以後，兩人都偏離了這個理念，使我無法接受。

回顧參與國內國外大大小小事件，不計其數，引以為傲的是我始終沒有參加國民黨。在公務員三十一年生涯中，始終以超然的態度，努力做自己認為「對」的事，追求符合自由、民主和公義的事。一九五八年進入新聞局，一九六二年升任國際處第三科科長，到一九九八年退休時任駐日代表處顧問兼新聞組組長，三十年從科長到組長，職階相差無幾。也許我的名字使我太超然，從來不計較地位和金錢。生命中只堅持一個原則：那就是爭取台灣人的民主、自由和人權，而這個職場正提供了我這個舞台，讓我很是感念上天的恩寵。也許在一般人眼中，我太「天真荒唐」，就如我父親早年參加中國革命的「天真荒唐」。

如果能藉著我對往事的回憶而激發讀者少一點功利主義，多一點超然客觀，少一點藍綠色彩，多一點回饋社會的熱忱，將是我最大的榮幸。

這本書得以完成面世，我要感謝柔縉，她不但文筆流暢，記憶力更是驚人。她在考證與整理上，花了好大精力與時間，彌補了我的粗枝大葉，當初能請得到她執筆，實在幸運，在此特別致上萬分的感謝。

最後，我要特別感謝內人千鶴，由於她一路參與、犧牲與支持，我們才能共創本書的片片段段。我們既是夫妻，更是同志。這本書也將是我夫婦留給家瑜、得瑜、致瑜三個孩子的禮物，希望他們能體會我們對台灣的愛，了解我們曾經走過的路。

1 台灣首富「一碗麵」的故事

現在的人談起台灣首富，不是郭台銘，就是王永慶。六十年前、八十年前，台灣首富是個胖子，名字叫林熊徵。

林熊徵死前一天中午，我還跟他一起吃麵。那天，他看起來紅光滿面，一點不舒服的樣子也沒有。我那時十三歲，隔天聽到他去世的消息，驚惶不已，好像活生生的人剎那消失在眼前一般。

我對林熊徵的印象很深，因為他真的很胖。

日本時代，全球性的物資缺乏，世界各地的人都很儉樸。在台灣，農民佔一半以上，一般人都吃得很簡單，主要吃青菜、地瓜和米飯，吃豬肉很少，少到以一絲一絲來計算，所以，很少胖子。林熊徵是極為罕見的特例，大家背地裡叫他「阿肥仔」。他的侄子林衡道曾說，林熊徵的祖母寵他，「一、兩歲時就開始讓他吃高麗蔘，吃太多的關係，人很肥。」

林熊徵曾經坐自家人力車，跟別的人力車起糾紛，他的車夫一時把持不住，整個車像翹翹板一樣，車頭翹起來，他人帶車翻倒在地。林熊徵於是在車後多焊一個

ㄇ型把手，找柔道好幾段的高手來扶，如此一前一後，兩位車夫一拉一扶，以免再發生翻車意外。這在當時台北街頭形成很特別的風景，老一輩的人都知道。

雖然林熊徵身軀如此肥碩，但實際上板橋林家這一房家風節儉，他吃得很簡單。他去世前一天，林熊徵如常來我家辦公。到中午吃飯時間，我祖父問他說：「叫人送菜好嗎？」祖父的意思，要叫餐廳料理，送來家裡吃。但林熊徵說：「不用了，叫一碗切仔麵就好。」那天，我也和他們一起吃切仔麵，一切如常。誰知隔天卻傳來噩耗，說林熊徵已因腦溢血去世，讓我震驚不已，心裡反覆問自己：「昨天他不是才好好的嗎？怎麼今天起就永遠不能再來了？」

一八九五年到一九四五年日本統治台灣期間，林熊徵一直是板橋林家的代表人。板橋林家跨清治和日本兩代，都是台灣的最大地主家族。兩代統治者都對林家萬分禮遇，林熊徵集富貴於一身，在日本時代就當過地位崇高的總督府評議員。一九二〇年代，大正天皇的宮內御宴，只有三個台灣人穿燕尾服、戴大禮帽獲邀，林熊徵又是其中一個。

一九一九年，林熊徵發起創辦了華南銀行。現任華南銀行董事長林明成正是林熊徵和日本籍夫人所生的獨子。林熊徵的元配盛關頤則是中國人，來頭不小，人稱盛五小姐，她爸爸是清末建鐵路的大臣盛宣懷。盛五小姐從小念英文，家教老師是蔣介石太太蔣宋美齡的姊姊宋靄齡。盛五小姐婚後在上海的祕書則是前副總統連戰

林熊徵（左一）和總管許丙（右三）接待日本女作家北村兼子。

的姑丈林伯奏，林伯奏因此當過戰後第一任華銀總經理。

如此的林熊徵，如此的榮華富貴，死前一天吃的，卻也不過是一碗清淡的切仔麵。

而且他死後，台北耳語四播，說突然冒出一位上海小姐，自稱與蔣介石夫人關係密切，拿著一張在應酬桌邊和林熊徵拍的合照，宣稱是他的義女，跨海來爭取龐大遺產。是否真實，我不清楚，但當時確實聽家人交頭接耳，搖頭慨嘆，林熊徵生前風光若此，身後竟讓一個莫名其妙的女人挖走大筆財產云云。

林熊徵死前一天，吃的是再便宜不過的切仔麵，又被莫名其妙的人來爭產，深深影響我對錢的看法。我開始隱約感覺擁有很多錢財的虛無，覺得知道怎麼賺錢並不重要，知道怎麼花錢才是人生更重要的事；知道怎麼花錢，才能過有意義的人生。

2 祖父開煤礦致富

林熊徵會天天來我家辦公，因我的祖父張聰明經營煤礦多年，兩人同在台北商界數十年。一九四五年二次大戰結束，日本人資產改歸國民黨政府接收，華南銀行必須重新整理，林熊徵便掛名籌備主任。我推想，當初正是為了籌辦華南商業銀行，他們在我家設了一個聯合辦公室，林先生便天天來我家上班、見人、談事情。而我祖父後來也擔任了戰後華銀第一、三、四屆民股董事和第二屆的常務董事。

祖父生於一八八四年，自幼無母，四歲失怙，靠唯一的長兄張秋煌扶養，想必過了一段辛苦的歲月。十六歲那年，他去念了日語速成班，走出一條不一樣的人生路來。

祖父十六歲去學日文時，日本統治台灣才四、五年，所以，算是台灣最早會說日語的一代。他學了一年日語，進新竹一位姓矢野的日本律師事務所擔任翻譯。當律師的通譯似乎社會地位頗高，一九一六年，祖父三十二歲那一年，就登上日本人編的名人錄《臺灣人物誌》。我猜想，新語言的能力讓祖父得以很快融入日本帶來的現代化社會，看得懂日文，了解社會經濟方面的趨勢，加上替日本人做事，社會

一九三七年稻江信用組合創立二十週年到台灣神社攝影留念。祖父張聰明（前右三）為其監事。

人面接觸較多，所以，日後才會做生意，擁有煤礦場。

我家的礦場主要在景美，舊稱「十六份」的地區，總共有「永豐」、「朝日」、「德豐」三處礦區。運氣不錯，曾挖掘到一處很厚的礦層，祖父隨之大有錢起來。根據日治昭和時代的名人錄《臺灣人士鑑》所寫，祖父的事業除了和日本帝國製糖公司、台灣電力公司、淺野水泥（戰後併入台灣水泥）、台糖、專賣局、台北醫院等二十幾家大公司機構做煤炭買賣外，還到香港、廈門、上海、廣州各地，經營煤炭進出口生意。祖父在煤礦界具有大老地位，戰前和戰後初期都一樣；日治時代是煤商公會「臺灣石炭商組合」的幹事（相當理事），戰後初期是台灣省煤炭工業同業公會的常務理事。

我們家也是戰前日本大財閥三井的經銷商，販賣三井的肥料、水泥、鐵軌。

另外，祖父還曾投資金融事業，任過稻江信用組合的理事、監事。日治時代，

一九三八年祖父（前右七）和西川純（前右九）送別三井物產在台要人池田卓一（前右八）。

台北市分城內和大稻埕、艋舺三大商業區，日本商人主要聚集在城內，也就是四個舊城門圍起來的地方。城內的日本人老早就組織「臺北信用組合」。這個信用組合戰後改為台北市第十信用合作社，國泰集團創始人蔡萬春早年即十信理事主席，蔣介石總統曾以一元開十信戶頭，鼓勵民間儲蓄，讓十信聲名大噪，奠下國泰集團金融霸業的基礎。

大稻埕這邊，沿著淡水河，台灣商人雲集於此，與中國大陸的帆船交易頻繁，其中又以製茶業最鼎盛。台灣的烏龍茶早在一九〇〇年的巴黎世界博覽會就得獎，聲名遠播歐美。

一九一七年，一些茶商、船頭行老闆發起組織台灣人自己的金融機構「稻江信用組合」，以提供在地商家融資需求，戰後蛻變成台北一信。稻江信用組合成立之初，祖父還沒發跡，不是初始元老，最早的頭頭都是大茶商，祖父在日治中期才加入。

一九三五年，台灣熱熱鬧鬧大搞博覽會之際，具有官方色彩的《臺灣日日新報》上，有許多商紳要人刊報祝賀。和祖父的名字登在報紙同一角的有人稱「金山王」的後宮信太郎、辜振甫的父親辜顯榮、華南銀行創辦人林熊徵、人稱日治五大家族「基隆顏家」第一代的顏國年。從這個細微處可看出祖父的社會地位和活躍程度。

清朝割讓台灣給日本前後，台灣的有錢人家以地主居多。他們擁有大片農田土地，租給佃農，每年坐收兩次田租，生活悠哉，多半吟詩抽鴉片過日子。祖父不屬這一類型，他屬於日治時代新興的富豪，靠自己的力氣去開拓和買賣煤礦致富，應該比一般人多了幾分外交能力。

台北著名的社交宴飲場所「蓬萊閣」是祖父最常光臨應酬的地方，吃四川菜和廣東菜等中華料理。我家有一張一九三八年八月留下的合照，一大群人在蓬萊閣送別石炭組合組合長（即理事長）池田卓一。池田卓一出身東京帝大英法科，進入日本三井財閥，先派到三井物產的紐約支店，隨之任菲律賓馬尼拉支店店長和日本神戶支店長，最後轉來台灣任支店長，成為台灣煤礦界的頭頭。

在相片裡，坐池田卓一兩側的，一邊是祖父，另一邊的西川純，也是台灣煤礦界的要人。從拍照的坐法，也可窺知祖父在煤礦業界舉足輕重。

說起西川純，自然連想到他的兒子西川滿。西川純曾任台北市會議員，又在北台灣的雙溪地區擁有武丹坑煤礦。但他的歷史名氣恐怕不及兒子西川滿。西川滿寫

穿著毛料大衣的張超英（前）隨外祖父（中）到礦場。

小說，也寫詩，於一九四〇年創辦《文藝臺灣》，儼然文壇重鎮，談日治後期文學，不可能不談西川滿。前輩小說家葉石濤當時投稿到《文藝臺灣》，西川滿眼睛一亮，找他去當助理編輯。葉石濤後來回憶說，西川滿因為家裡有錢，才辦了雜誌。也因家庭背景，天生貴族氣質，夏天穿麻料白西裝，英俊瀟灑。

讀西川滿的故事，可知生意人的家庭並不當然生出生意人孩子。我家也一樣，祖父做煤礦生意，我全身上下卻沒有一點煤商味道。只記得小時候，我會穿著毛料大衣，跟祖父到礦場，他去巡視，我逛著礦場玩。礦場有位總經理，長得很瀟灑，像英國紳士，稱得上「黑狗」，我們都叫他「阿狗叔仔」，他偶爾會私下帶我去另一個酒家「萬里紅」見見世面。我只記得那些小姐會剝瓜子，放在盤子裡給我吃。

毫無疑問，祖父很有生意手腕，事業很成功。但他的商人細胞沒有遺傳給我。記得十幾歲時，祖父叫我去說話，他問我，如果他給我一筆錢，我打算怎麼運用？我愣住了，一句也答不上來。我真的對錢沒概念，對賺錢也沒有什麼興趣。

祖父長得白晰，幾乎就是白人皮膚。他的五官輪廓也深，有張側面照，看起來彷彿美國前總統杜魯門。

我十七、八歲從日本要回香港，香港那時還是英國屬地，所以跑去英國駐日大使館辦簽證。英國跟別國不同，簽證申請必須填寫眼睛顏色。黃種人不就是黑髮黑眼珠，我當下就填「black」在表格裡。審查的英國官員看著表格，抬頭深看了我一

祖父張聰明的側面照神似美國總統杜魯門。

眼，「不對，你的眼珠子是藍色的！」他的發現真把我大大嚇了一跳。我從來不知道自己有外國眼睛。那時我一個大男生，不會像女生一樣常常照鏡子，仔細看自己的皮膚或眼睛。年輕時，曾經有日本女性朋友說被我盯著看時，覺得我的眼珠好可怕，或許就是這個原因。仔細看我的眼瞳，其實是有兩圈，外圈較細，呈現灰藍色；內圈就跟一般人一樣，帶深咖啡色。

從祖父的膚質和我眼珠的顏色，似乎透露我的家族應該別有來源。但我很少聽家裡長輩講家族淵源，只聽說曾祖父張傳在清末到新竹任過官而已，接下去的故事，因為年輕時不會去探問長輩，也就不清楚了。現在雖然深覺遺憾，但祖父母和父母都已過世多年，也只能臆想，無從追考了。

3 像托洛斯基的抗日學生

父親跟我一樣，也不是做生意的料子。他的生命注入了與祖父不同的政治元素。父親張月澄，一名張秀哲，生於一九〇五年（明治三十八年），是祖父的獨子，在台灣民族運動史和日治時期台灣學生運動的著書中，都可以找到「張月澄」或「張秀哲」這個名字的蹤跡。

祖父篤信「可愛的孩子要叫他遠行」的哲學，父親小學時一度被送到京都，台灣第一位醫學博士杜聰明也在那裡攻讀，就請杜先生代為照顧。父親中學才回台灣讀台北一中（建國中學前身），之後又去香港念英國人創辦的著名學校「拔萃學院」。一九二〇年前後，為什麼祖父會有概念要送父親去香港留學？我猜跟我們的鄰居張鴻圖有關。

那個時代，台灣的國際化超過一般想像。自清末以來，台灣和香港、廈門等地就有商業往來，日本統治台灣以後，更有各種輪船，把歐美的啤酒、麵粉、火柴、水泥帶進台灣。張鴻圖年齡與祖父相仿，他向祖父買了宮前町九十番地的一部分土地，成了同住址的鄰居。他是安平人，年輕時跑去香港念拔萃學院，學會講英文，回台灣就跟美國人做事。後來當上著名的美國標準石油公司台灣代理店店長。他的大兒子張文成也送往香港念香港大學電氣工程系，戰後在香港很有名的英國電話公司 Cables & Wireless 當主管。

父親很有自己個性與主張，念完中學，不願像張鴻圖的兒子一樣讀香港大學，他離開珠江口的香港，往北到珠江三角洲上的廣州。在父親一九四七年五月完成的回憶集《「勿忘台灣」落花夢》裡，父親解釋說：「……在這種民族沈淪煩悶的時代，我們憧憬著祖國革命的策源地廣州去……我們的心志那裡肯再消耗在這種醉生夢死的地方香港呢？這是我決心到廣州的緣故與動機。」於是他到廣州繼續學業，並選擇進入美國人創辦的嶺南大學。

有些國民黨權要第二代子女也在嶺南大學念書，父親認識了國民黨元老廖仲愷的兒子廖承志和女兒廖夢醒，再由他們居間介紹認識廖仲愷的部屬甘乃光。甘乃光時任中央黨部青年部部長，受他的影響，父親立志成為國民黨黨員，在學校組織國民黨區分部。

做為一位台灣的青年學生，我父親主要的貢獻是寫文章，鼓吹台灣民族解放。文章發表在上海及廣州的國民日報上，並編成一本冊子《勿忘台灣》，他自費出版，分送各界人士。

他和羈留廣州的台灣人充滿熱情，汲汲要認識祖國蓬勃的革命風潮，他們還去廣州黃埔軍校參觀，方鼎英教育長接見了他們。他們也拜訪中山大學校長戴季陶，戴季陶當場表示，離開祖國數十年的台灣同胞，還對祖國如此充滿懷念與熱愛，令他感動。

父親和友人隨後把高昂的情緒化做行動，搞起組織。他糾集林文騰、李友邦、張深切、郭德金等多人組成「廣東台灣學生聯合會」，進而擴充為「台灣革命青年團」，主要幹部有知名劇作家張深切、郭德金、林文騰和父親四位，他們還編印了機關雜誌《台灣先鋒》。

張深切在一九六〇年出版的《里程碑：黑色的太陽》書中，描述我父親：「我們的同志中最活躍的，可以說是張月澄，他多才多藝，而且比我們有錢，所以富有活動力。他是台北人，先在嶺南大學讀書，後來轉入中山大學法科政治系，能說一口流利的廣東話和英話，面容有點似托洛斯基（按，Leon Trotsky，俄國十月革命領導人之一），如果除掉了少爺脾氣，便是一個好革命家。」

誠如張深切所形容，父親很有活動力，在廣東時，他非常主動積極，還跑去認識了著名小說家魯迅。父親後來離開嶺南大學，轉學到中山大學，在中山大學期間，他多次拜見魯迅。魯迅一九二七年的日記曾記載父親往見晤談，分別是該年二月：

「二十四日　雨。……晚張秀哲、張死光、郭德金來。」（按，張死光係張深切筆名）

「二十六日　小雨。……張秀哲等來。」

父親張秀哲理想性格，充滿活動力，在廣州、上海、東京各地流轉。

同年三月又記：

「三日　雲。……寄張秀哲信。」

「七日　雲。上午張秀哲贈烏龍茶一盒。」

「十九日　晴。……夜張秀哲來，付以與饒伯康之介紹書。」

「二十八日　雨。……夜張秀哲、張死光來。」

後來，父親譯了一本書《國際勞動問題》，還請魯迅寫序。魯迅先生在序裡說：「還記得去年夏天住在北京的時候，遇見張我軍君，聽到他說這樣意思的話：『中國人似乎都忘記了台灣了，誰也不大提起。』他是一個台灣的青年。我當時就像受了創痛似的，有點苦楚；但口上卻道：『不，那倒不至于的。只因為本國太破爛，內憂外患，非常之多，自顧不暇了，所以只能將台灣這些事情暫且放下』……」

就像魯迅口中的張我軍，我父親他們那群台灣青年學生，身在大陸，關心中國問題，更記掛如何讓台灣脫離日本殖民。他們在廣州各地散發傳單，並寫文章投到報社，把日本開始統治的「始政日」六月十七日，稱為台灣恥辱紀念日，指控日本在台灣實施經濟獨占和奴隸文化，呼籲中國大陸的有志者出來替台灣民眾出力，援助台灣的解放運動，不要對台灣人像對異族一樣。

不過，正如魯迅所說，中國當時自顧不暇，父親他們卻寄望中國能解救台灣，現在想起來，其中不免有幾分年輕人的天真。

父親還出版過《勿忘台灣》雜誌。有一期請革命畫家梁鼎銘畫封面，畫一位台灣農民被一條像蛇的麻繩綑綁，腳上扣著一個大鐵鎖，上寫「日本帝國主義」，旁邊飄揚著一面青天白日旗。這幅諷刺畫和以前的種種文章觸犯了日本台灣總督府，父親開始被通緝。他從廣州潛到上海。上海對廣州去的青年都很注意，父親進到上海，如入虎穴，不久就被英國的便衣偵探逮捕。那時日英有同盟關係，台灣人又屬日本國民，所以父親被移交日本的上海領事館。

依父親在《「勿忘台灣」落花夢》回憶錄中的說法，他並不是被直接押送回台灣。總督府擔心如果途經福州、廈門回基隆，都在中國領地的範圍，很容易脫逃，所以都先經日本九州的門司港，再由門司的水上警察署押回基隆送審。

父親最後被判刑兩年，緩刑五年。雖然緩刑，不需監禁，但他從一九二七年被捕到判刑確定，在拘留所也已經關了兩年。

父親剛被釋放不久，抗日的細胞又蠢蠢欲動。一九三〇年（昭和五年）元旦新年當天，我家來了一部出租汽車，下車的是民眾黨的首腦蔣渭水醫生。他跟父親談到台灣總督府又想要開放許可鴉片販賣，問父親有什麼辦法。

台灣人自清代以來吸鴉片的惡習，原先日本政府採取漸禁的辦法，只賣鴉片給領有牌照許可的癮君子。但到一九二九年世界經濟恐慌，日本也受影響，為解決財政困難，傳出要頒新「阿片令」（日本時代把鴉片寫成阿片），要在台灣自種罌粟花，還要放寬許可，讓祕密吸食合法化。結果激出兩萬五千人搶著去登記，吸鴉片的人更多了。蔣渭水等台灣知識分子才會憂心忡忡來找父親商量。

父親足智多謀，馬上想出一個辦法。他建議拍最急件的國際電報到日內瓦給國際聯盟。國際聯盟是現在聯合國的前身，拍去電報當然要寫英文，所以電文就由父親執筆。

接下來的問題是如何成功把電報拍出去，不會被電報局發現內容是對台灣總督府的控訴。父親又獻了一個非常機智的辦法。他告訴蔣渭水，台北郵便總局每天收電報到晚上八點，可以七點五十五分去，那時局長老早下班，負責打電報的人不懂英文，缺乏政治意識，比較容易偷渡成功。前幾年，我才聽蔣渭水的大兒子蔣松輝告訴我，他那時已十七歲，那天去拍電報的正是他本人。

父親的電報控訴計策馬上奏效。一月八日台灣總督府的官方報紙《臺灣日日新報》譁然，頭條新聞就公開批評民眾黨偽稱島民代表，向國際聯盟拍出電報，指責日本再度許可台灣民眾吸食鴉片，真真是民眾黨的兒戲。

總督府氣得跳腳時，國際聯盟很快回信了，說三位代表正在印

蔣渭水的大兒子蔣松輝（左）告訴張超英（右），他正是當年拍電報給國際聯盟的人。

度洋上，即要前往台灣。父親又擬英文電報到輪船上表示歡迎他們。最後，國聯代表到台北，需要當面遞交的訴願書，也由父親草擬。父親為求慎重，還去找一位在台北商業學校任英文教席的英國朋友，請他校對訴願書草稿。

向國聯控訴的行動，確實阻止了總督府的政策。黃煌雄在《蔣渭水傳》指出，這個反阿片新特許運動是日治時代非武力抗日打得最漂亮的一仗。

我太太顏千鶴在台中的祖父顏會，日本時代在台中市有店號「顏文會」，曾是台中市政府的「御用達」，負責提供台中市官廳許多日常用品。他就從官員那邊聽到內幕消息，在台中麻園頭大購土地，打算日後可提供政府種植鴉片。此事沒成，顏家祖父投下資金過多，一度周轉不良，岳父正在日本念大學，不得不休學返台。現在回頭看，沒想到歷史在我們家族身上，會留下如此明暗不同的投影。

4 開蔣介石座車去海邊玩

父親是抗日的民族運動者，我家也因他的緣故，意外成為中華民國駐台領事館。父母親婚後之初，搬往上海，我的姊姊超雄就在上海出生。但一九三二年，因一二八事變後，上海不安靖，父親又遷到東京，進東京帝大研究所一個很有名的「神川松彥博士研究室」，跟隨神川博士學習國際法和外交史。神川先生以專研國際法聞名，戰後擔任過外務省顧問。

父親跟當時的富家子弟一樣，他們可以很自由選擇自己想做的事，而不必考慮經濟問題，家族的金錢後援多半充足無虞。特別父親又是家中獨子，祖父寵他，人家月薪三十圓就很好過，祖父每月卻給他一百圓，再加上祖父在東京英國大使館旁的高級住宅區，還買了大宅，又有日籍佣人，所以，父母親在東京過得很舒服，還有汽車可開。

父親在東京帝大修讀的經驗，讓我們在台北的家意外登上歷史舞台。那時中國駐橫濱總領事郭彝民是父親東大的學長，一九三四年，郭彝民被調任駐台總領事，正傷神張羅在台北的官廳房舍。中華民國外交部的經費有限，郭彝民向我父親請託。父親和祖父商量，最後以象徵性的租金一圓提供我家前棟房子和一部汽車給中國領事館。《臺灣省通志》曾記載，新任總領事郭彝民調任，「是年擇台北市宮前町九十番地民房洋樓西座為館址，房舍寬敞，頗壯觀瞻。」指的就是我家。

把自家房舍近乎無償租給中國駐台外交官，父親曾在回憶文字裡表達了他那一輩人對「祖國」的熱情。他說：「我想在這日本帝國主義下的台灣，我的住宅屋頂可以掛著『青天白日滿地紅』的光輝的祖國國旗，能可翻揚於台灣唯一的空中，算也是值得一種的欣幸！」只不過，欣幸有之，困擾也隨之而來。日本警局密探常去「訪問」他，他來往的朋友經常被查問，他的行蹤也一直遭到監視。

日本時代，宮前町指現在中山北路、錦州街與民權西路之間的區域。一九二八年，我還沒出生，祖父就斥資一萬圓在宮前町九十到九十三番地原址興建兩層樓的宅邸。一萬圓在當時是個龐大數字，一般人的月薪才十幾、二十圓而已。

在我記憶中，整個宅院很漂亮。有前後兩棟房子，中間夾著網球場，入門有花園，側邊有三座水池，種滿花草樹木。房子的形式在當時是時髦的洋樓。一九二〇年代，家裡稍具經濟能力的才能蓋磚砌的一層樓房子，而磚造瓦頂在那個年代就算是新式房屋了。

這棟老宅就在現今中山北路二段的台泥新大樓正對面，包括華南銀行和旁邊的巷子都是我家。屋前的中山北路也很寧靜漂亮，路面鋪滿碎石子，兩旁有小溪

祖父母與父母於老家宮前町九十番地大門口。

溝，裡頭有小蝦和藍色小魚。沿路兩側植滿身幹粗黑的樟樹，成排樟樹頂著嫩綠樹葉，一路迤邐到圓山。街道往北走到底就是現在的圓山大飯店，日本時代，那裡原是台灣神社。凡日本派來台灣察訪的王公貴族，都必須沿中山北路走到台灣神社參拜，所以這條樟樹大道被稱為「敕使街道」。

日本統治後期，戰事吃緊，日本人為了表示重視台灣，把台灣神社升格到最高級的「神宮」，神社附近一帶就叫「宮前町」。我家面前的馬路跟著要拓寬，因而吃掉我家一部分庭院，換句話說，以前我們的房子包括現在中山北路的慢車道。

一九四〇年，汪精衛在南京成立偽國民政府，汪精衛政權外交部仍然選擇我家庭園房舍做台北總領事館。汪精衛和他的政府官員在戰爭結束的剎那，頓時變成漢奸，台北總領事館的外交官也未倖免。

戰後，又有政治人物住進我家。戰後之初，民間稱呼從中國回來的台灣人為「半山」，「一半的唐山人」之意。

其中有位劉啟光，在一九四七年接任華南銀行董事長。祖父當時是華銀董事，自然認識了。劉啟光先前曾在中國從軍，投效在軍統局旗下，後來他就引進軍統局長毛人鳳和部屬、家眷，搬入原先我家當辦公室的第三棟房子。

由毛人鳳住進我的家，就可以知道在大陸節節敗退的蔣介石準備有退路。我家屋頂上很快架起無線電的設備，蔣介石的三部座車也擺在花園裡。這樣的「客人」和他的「家當」對我們來說，是再好不過的保鑣。那時台灣正籠罩在二二八之後的白色恐怖中，人人自危，隨時可能深夜一個人來敲門，生命就會被帶走。父親也曾被抓過，有死裡逃生的恐怖經驗，對我家而言，情報頭子毛人鳳住我家，不啻吃了一顆定心丸。

毛人鳳住家裡時，我才十四、五歲，成功中學二年級，生性愛玩，也充滿好奇心，常向一位「王少將」借車，開出去兜風。我好像沒想過應該先學會開車，把車子當大玩具一樣，跳上去就開了。我總是開一部一九四七年分的林肯轎車。有一次還和朋友開去基隆海邊，我很天真，以為車子性能很好，連沙灘也開下去，一剎那間，海水漲潮，車子陷在沙灘上，我急得喊救命，最終還麻煩軍統局的人叫卡車去海邊把車拖回來。

蔣介石的另外兩部總統座車就絕對不能借用，我只有觀察過而已。兩部也都是林肯汽車，明顯特別改裝過。我記得很清楚，防彈玻璃足足約有一吋厚，前後玻璃各挖了一個圓洞，非常怪異的做法，不過若供車內架槍射擊使用，也就不足為奇了。

和毛人鳳住在同一院子裡，帶給我家重大的影響。毛人鳳坦白告訴祖父說：「張先生，我們有準備船在宜蘭。」意思是說，萬一有事，他們馬上會跑掉，你們也準備跑吧！國民政府那時在中國已兵敗如山倒，台灣的情勢因後來一九五〇年六月爆發韓戰，美軍進駐台灣，才趨穩定。在韓戰之前，台灣的國際局勢可以說處於飄搖之中。我家算是較早收知不良訊息的台灣人，祖父擔憂家裡做煤礦生意，是一個大資本家，共產黨一來，恐怕不僅財產充公，全家性命也難保，所以一九五〇年初把台灣主要資產礦場全部賣掉，移居香港。事後想起來，真不知道當時早知消息是福還是禍。

5 母親坐月子私動手術早逝

父親於一九二九年出獄後，當年十二月開始，直到隔年五月，常在抗日派的報紙《臺灣民報》發表文章，罵帝國主義之外，也主張婦女應該解放，呼籲台灣婦女多出來為台灣社會的解放做些事。母親讀到了這些文章，留下好印象，但雙方還無緣認識。

直到一九三〇年有一天，父親在台灣第一位醫學博士杜聰明家裡看到母親的相片，深深被她的美麗吸引。隔一天，迫不及待和蔣渭水談起來，蔣渭水剛好當晚要去中部講演，就邀父親同行。於是蔣渭水夫人介紹父母親認識，他們通信一個月後，八月十日結婚，介紹人即杜聰明博士和蔣渭水先生夫婦。

我的母親甘寶釵是彰化名紳甘得中的長女。台灣近代歷史上有一段知名的「梁任公旅台」，外祖父甘得中是重要的人物。

一九一一年，台灣抗日的領袖人物林獻堂邀請中國維新人物梁啟超訪遊台灣。梁啟超倡議台灣人應效法愛爾蘭人對抗英國，厚結日本中央顯要來牽制總督府的苛政。林獻堂大受啟發，隨後邀請日本板垣退助伯爵訪台。板垣聲望崇高，因為他在

父母親結婚的介紹人有杜聰明博士（前坐右三）和蔣渭水醫生（前坐右六）。

明治初期就宣揚自由民權，曾被刺客襲擊，他對刺客大喊：「板垣雖死，自由不死。」

林獻堂當時就是想藉板垣的同化會，主張台灣人跟日本人一樣，不該是二等國民，來對抗所謂的「六三法」，也就是要打破總督府在台灣搞獨裁統治，不受日本本國節制的狀態。

不論在日本奈良初見梁啟超，或與連戰祖父連雅堂到基隆碼頭迎接梁啟超來台，或是到東京芝區的板垣退助私邸，外祖父甘得中都站在林獻堂身旁，擔任翻譯。外祖父曾說，他受林獻堂的資助，才能於一九〇六年到東京留學；林獻堂「資人出國留學者，余為最先」。林獻堂因是開明進步的有錢大少爺，樂於助學，常有人登門或書信求助。連雅堂就曾為兒子連震東向林獻堂伸過手。

外祖父和林獻堂關係深厚，後來外祖父經商獨當一面，並擔任過彰化秀水和花壇的庄長（鄉長）、台中州州會議員，他們還時相往返，是很好的朋友。霧峰林家第高家大規矩多，待客之道也不同於一般家庭。記得小時候，外祖父帶我去林家拜年，一進客廳，女佣人會馬上拿水盆出來，幫我們脫鞋洗腳。

林獻堂的《灌園先生日記》也多次記錄母親的去訪，像一九三二年三月八日就記有我母親「甘寶釵從其夫張月汀（按，應為「張月澄」）在南京留學，上海戰事起幾及於難，一週前方歸台，今日來訪，備述當日危險之情形，令人可驚。午餐後余招之及其女友秀娟、阿薇、素貞並資瑞同往萊園打ベビゴルフ（按，baby golf為一種小型、庭園型的高爾夫運動，借用類似屋頂平地等場所打球，約一九三〇年由美國傳進日本），六時返彰化。」看得出來，兩家第二代仍然維持親密的關係。

母親的甘家頗為富裕，母親彰化女中第一屆畢業後，即前往東京，進入私立日本女子大學。這個大學在戰前比東京女子大學還不得了，貴族之女多送進這個學校。前台大醫院院長魏炳炎的太太許月桂也念日本女子大學，在台灣的校友很少。

母親的堂兄、甘文芳舅舅曾告訴我，母親認為女人地位無法提高，就是搞了太多莫名其妙的枷鎖，所以，她是剪髮會的領袖人物，率先把髮型改為西式。母親是走在時代前端的婦女，穿最時髦的洋裝，結婚時，也剪一頭當時非常時髦的短髮。母親在學校還是網球選手，人又漂亮，聽說很多名門子弟追求她。

我是父母親的第二個孩子，在我之前還有超雄姊姊。父親、母親會為姊姊取名超雄，也反映他們打破舊時代男女不平等的理念。不過，這個名字給超雄姊姊帶來不少麻

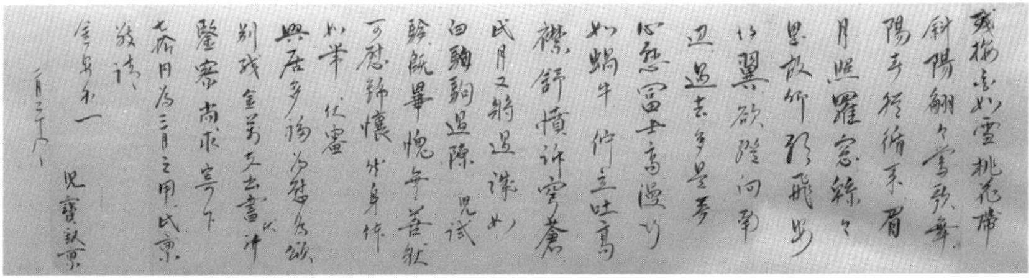

母親在日本留學時寫回彰化的家書。

父母親和外祖父甘得中（前左）、母親堂兄甘文芳（後左）於東京家中。

煩。她常被誤認為男性，戶籍上的性別欄，忽男忽女，被改得亂七八糟。有一天，還收到徵兵令。氣得她拿單子去戶政事務所問：「怎麼，現在連女人也要當兵啦!?」

超雄大我兩歲，一九三三年（昭和八年）二月十七日，我在東京出生。那一天大雪，父親趕著要拿棉被去醫院，因積雪難走，摔了一跤，傷勢嚴重到必須縫線。巧合的是，日後我第一度派駐東京任職的五年間，每年生日也都是大雪紛飛。

父母親緣深也緣淺。母親福薄，生我坐月子期間，患甲狀腺腫，家裡老佣人潘楊金棗說，母親心急，覺得大脖子不好看，不要新生男孩看見醜媽媽，也沒告訴父親和家人，自己就去醫院動手術。坐月子，人體虛弱，本來就不應該開刀，於是那個手術像陰險的壞菌，一步一步侵蝕母親的健康。母親的身體一天壞過一天，不得不回到娘家療養。九個月後，引發敗血症過世，得年才二十七歲。

外祖父很傷心，記得他常說：「我一個最疼愛的女兒，換來你們兩個孫子。」而我傷心嗎？或許該說，還來不及懂得傷心流淚吧。

小時候，常聽到教會長輩閒談，說起我母親如何如何美麗賢慧，我就常常自己想像，在心上畫一個會走路、會說話的母親，而不只是有一張美麗微笑的臉孔而已。童稚的心裡，對母親過世的感受還一片模糊。直到十一歲那年有一晚，我好像突然長大了，頓時意識到自己是一個沒有母親的人。一個人躲到大屋子二樓的後陽台，像要把淚水哭乾似的哭了一整晚。後陽台下方有一古井，黑暗中我就望著井一

父母親合照。父親一腔熱血，於一九三六年歸化為中華民國籍，那時母親已過世。

直哭，心裡反覆問：「媽媽為什麼死掉？為什麼死掉？為什麼放我一個人，變成沒有媽媽的人？」

我太太說我很少笑，笑也是短短淺淺地笑。或許，就因著我早失了媽媽。

6 祖母跪求上帝讓我康復

我自小喪母，祖母替代了母親的角色，童年與祖父母一起度過。我父親形容自己「向來就是沒有宗教的，相信自己」，但我跟隨祖母的緣故，受洗成為基督徒。

祖母張葉月會成為基督徒，受鄰居張鴻圖太太周慈玉的影響最大。張鴻圖本人很西化前進，到香港念過洋書。張太太有宗教熱忱，她的父親周步霞是屏東早期的牧師，她的三哥周再賜入日本京都基督教學校「同志社大學」，把她也帶去念京都平安女學校。據說那時女子念書風氣還未開，出洋更聳人聽聞，張太太是女扮男裝坐船出去的。

張鴻圖夫婦喜歡朋友，曾號召大稻埕幾個兼具知識和商業的家庭，在假日聚會，一起到外踏青野餐。無意間，台北組合教會的「原忠雄」牧師參加了他們的遠足野餐，回來後，原忠雄牧師勸誘大家組織家庭聚會，他們才開始信仰基督教，成為組合教會的教友，每個月聚會一次。

台灣在日治前，天主教於十七世紀、十九世紀下半葉分別有西班牙神父登陸傳教。基督教的活動更積極昌盛，南北部的長老教會，分別有馬雅各、馬偕、巴克禮等牧師致力於醫療與教育，設立醫院和學校，讓台灣開始和現代化接軌。

祖母捐地興建的台北組合教會，主要成員有祖母（前坐左三）、張鴻圖（前坐左四）和原忠雄牧師（前坐右三）。

日治後，西方宗教在台灣的發展，天主教有一九一六年道明會來設立像靜修這樣的女學校，後有日本聖公會。基督教方面，日治前老早登陸台灣的英國系統長老教會，宣教師入境隨俗，以台語傳道。日治後，居統治者之尊的日本信徒，顯然無法融入，必須有自己的日語教會。所以日治第二年，「日本基督教會」就開始派遣傳教師來台。「日本聖教會」、「救世軍」和我們所屬的「日本組合基督教會」也稍晚傳入。組合基督教會以日本人居多，依《臺北市政二十年史》統計，一九三九年底止，組合基督教會的信徒近五百人，其中日本籍四百五十八人，台灣信徒才四十人。

祖母受洗後，非常虔誠，一週有兩天要到教會活動，還捐地建教會。現在台北市林森北路、麗晶大飯店旁巷內的中華基督教公理堂的教堂，係祖母捐地興建。

我十一歲時，有一次高燒四十一度不退好多天，當時是戰爭末期，物資藥物非常缺乏，祖母和教會的幾位太太，一起到床沿為我祈禱。祖母對上帝說：「上帝，

如果你賜福給我孫子，讓他康復，我一定會把他教導成為主的信徒。」

祖母本身的個性，加上受基督教思想與價值的影響，祖母常常掛在嘴邊的一句話，就是「嘜甲人計較」（別跟人家計較）。她常告誡我，我們能給予別人，就是上帝賜福；能讓別人占便宜，表示我們擁有，所以萬事不要計較。祖母這個教誨，我記得非常深，我想，這句話形塑了我大部分的個性，深深影響我一輩子所做的決定。在許多重大的轉折，我知道要為自己永恆的生命價值爭什麼，而絕不是去跟別人爭金錢和位子。

我從小就進教會上主日學，也是受祖母影響。宮前町老家對面，即台泥總公司現址，日治時代是神學院，院內有基督教雙連教會，對我上主日學非常方便。

印象中，小時候的休閒旅遊不少跟教會有關。我們和教會的人最常去新店溪坐船釣魚，搭「屋形船」。這種傳統日式船現在日本各觀光河川上，還常可看見。像東京淺草的柳橋一帶，就停有各色的屋形船。台灣夏天午後有西北雨，冬天有毛毛淫雨，不下雨的季節，常又豔陽高照，這種有屋頂的船，擋雨遮陽，增添河上垂釣行船的樂趣。那時候，新店溪裡到處有香魚。釣起來後，船家會負責烤魚給乘客享用。然後，慢慢划船，順流而下，可抵達艋舺。整個活動非常悠哉，加上平常因事業忙，少到教會禮拜的祖父都不會缺席，那是我最快樂的時光。

祖父拉著張超英的手和張鴻圖（著短褲者）等教友搭屋形船遊新店溪。

7 我是阿公阿嬤的「鑽石孫」

祖父母寵愛我是出了名的。我們教會的朋友常說，姊姊是他們的金孫，我是他們的鑽石孫。

我是長孫，爸爸又是獨子，祖父祖母寶貝得要命。記得小時候，佣人每天出門買菜，都會先來問我：「大少爺，今天想吃什麼？」依照我的喜好決定那天的菜色，好像服侍一個小王子似的。

上幼稚園時，我每天由奶媽陪著坐人力車上學。祖母每天讓奶媽隨時帶著十圓，給我當零用錢，我想買玩具、吃糖果，都從十圓支用。那時奶媽的月薪不過十二圓。一直到中學，情形沒有太大變化，身旁總有奶媽或長輩保護著，要買什麼，開口就有，我根本不知道錢多大多小，能幹什麼用。

我十五歲到香港念書，把祖父給的一、兩千美金鈔票握在手上，有同學瞪大眼珠，叫我趕快把錢收好，我才慢慢摸索出錢的大小。

在香港時，我每天有十塊美金的零用錢。我喜歡唱片，錢就全用在買英國唱片上，瘋狂地買。結婚後，有一天下班回家，看見客廳滿地烏漆麻黑，原來是我辛苦在香港蒐購的唱片灑了一地，而兩個才一、兩歲的女兒，小屁股正坐在一個一個圓圓的黑盤唱片上轉圈圈，一臉天真開心。當時並非沒大人看管，我的祖母正微笑坐在她們面前跟著開心。

這就是我的祖母，她好像最在意要讓小孩開心，從不會為小孩調皮、破壞了什麼而動怒。有一天，客廳像沙塵暴肆虐過，亂七八糟一堆沙。原來是祖母捨不得我住公寓房子，女兒她們沒有庭院可玩沙土，就叫佣人挖了一堆沙土上來讓她們隨性玩。

祖父的疼愛是另一種方式。上小學前，我身體不好，常送醫院，日本醫生診斷為「腺病體質」。祖父非常煩惱，有一次問了醫生該怎麼辦。現代人有許多強身的辦法，做瑜伽或打太極拳等等，在日本統治台灣的時代，承襲十九世紀以來歐洲人治病要跑海邊的觀念，認為到海邊游泳、泡泡鹽水、曬太陽的「海水浴」，非常有療效。所以，我的醫生開給祖父的處方是一句「讓他去海邊學游泳，曬太陽，脫過兩、三次皮後，身體就好了」。

祖父愛孫心切，他可不只是叫人帶我去海邊，他是去基隆買一棟別墅，又買了一艘漁船，僱個漁夫，叫「阿丹仔」，平時捕魚，暑假期間，就負責陪我，教我游泳和釣魚。

讀初中時，有一天午後，趁祖父睡午覺，我偷偷戴上他的錶，跑去現在中正紀念堂旁的東門游泳池游泳。東門是台北市第一個公營游泳池，建得頗早，一九二六年啟用之初，就有供四百五十五人使用的置物櫃。下水前，我沒想太多，全身衣物脫光光，錶也拔下來放到櫃子裡。等一出泳池，發現錶不翼而飛了。

事情很嚴重，因為祖父的錶不是普通的手錶，是在香港買的Patek Phillip（百達翡麗）名錶，比勞力士還高級、還貴。以前，店頭可買到勞力士，卻不一定買得到百達翡麗，買家都經特殊管道，才能買到這種昂貴名錶。弄丟這麼貴的錶，我竟然沒挨罵，祖父只是搖搖頭而已。

以我對祖父的了解，他真的很大方，不會計較金錢得失。對應花的錢，更義無反顧。我在日治時代的《臺灣日日新報》找到報導祖父的新聞。這個報紙是日治時代最具官方色彩的報紙，主體日文，但也有一、兩版是漢文。一九二一年四月七日漢文版有一標題「張聰明氏美舉」，裡頭就說有個姓林的人與我祖父「交遊最厚。近來家事。日形中落。乃張氏能不忘車笠之盟。常寄資周急。竝於去年助其長男入學於臺北師範學校。月給學費若干圓。」

印象中，祖父從來沒罵過我，遇到我行徑很「匪類」時，也只是請我的朋友從旁勸諫而已。

我念成功中學時，祖父為我請一位台大醫學院的學生當家庭教師，他叫王萬居，畢業後在三峽開診所。王萬居有一個青年學生圈子，叫做「杏」，日語發音為

「anzu」，主要成員多台大醫學院學生，也有女學生。大家每週聚一次，不是聽古典音樂、討論讀的西方古典文學，就是郊遊踏青，很有文藝青年的氣息。「杏」俱樂部的成員還有張寬敏，台大醫學院畢業後是台大成形外科教授；蘇培博後來擔任第一銀行總行駐行醫生；楊子謀是華南銀行高級研究員。我很喜歡跟他們玩在一起，到現在還常相往來。

我常常把家裡載煤礦的卡車開出去，他們擠在後頭卡車上，一大群人就這麼呼嘯過街，直驅淡水海邊。游完泳，拐到我家在北投的別墅。以當年的標準，大概「匪類」如現在搞的「轟趴」(Home party)。但實際我們玩的就是跳跳舞，再買一整箱當年很稀奇時髦的汽水，搖一搖，像開香檳一樣，打噴汽水大戰，你噴我，我噴你。等隔天佣人去收拾，汽水留下的糖漬，招來一大堆螞蟻爬滿棉被、枕頭。以前我讀東京都知事石原慎太郎年輕時的成名小說《太陽的季節》，很有似曾相識之感。

回想起來，祖父母寵我，我青少年時期確實有段輕狂乖張的日子。但幸虧祖父母他們都是溫和慈愛的老人家，不打不罵，我的壞，壞不到哪裡去，不至於喝酒賭博或去跟人家逞凶鬥狠、打架滋事、耍小流氓，就是任性、好玩而已。

8 去鐵道旅館喝咖啡吃布丁

小時候跟著祖母，總是有好事。像祖母常帶我去鐵道旅館，那裡古色古香，咖啡杯好小，有稀奇的布丁可以吃。

鐵道旅館在一九四五年被美軍轟炸毀了，原址在今台北火車站前的新光摩天大樓，戰前一直是台灣唯一像現在大飯店的洋式旅館。鐵道旅館建得很早，一九〇八年，台灣總督府交通局為了因應同年開通的西部縱貫線鐵路，學西方的做法，在火車站驛前興建鐵道旅館，成為台灣第一家現代化的西式大飯店。

鐵道旅館有紅紅的磚牆，散發英國式典雅的風格。熟稔台灣古蹟的林衡道教授曾說，鐵道飯店的所有配件都是英國製的舶來品，電燈之外，小到刀叉、廁所的磁製馬桶，都來自英倫。內部除了昂貴客房、大宴會場和撞球間，餐廳裡還有時髦的咖啡可以喝。

我的童年在物質上極度優渥。像家裡用的，有稀奇的電冰箱，可以製冰塊，我小時候覺得神奇極了。一九三〇年代，日本人稱電冰箱、吸塵器和洗衣機等三種電氣品為「神器」，我不記得家裡是否有吸塵器，但洗衣機絕對沒有，因為家裡就有

祖母常帶去鐵道旅館吃稀奇的布丁。

大稻埕幼稚園第一回保育修了記念
昭和七年三月十二日
大稻埕幼稚園

右圖：張超英上的大稻埕幼稚園，由大茶商陳天來（後排中）創辦。站在陳天來與隔壁男士前的小女孩即張超英的姑媽張愛治。

左圖：和姊姊在庭院騎小三輪車玩耍。

佣人負責洗衣服。小時候，家裡最常來的外人就是裁縫師傅。身上穿的，好像都是手工訂做的。除此之外，我確記家裡已使用沖水式馬桶。我祖母犯氣喘病，祖父疼惜祖母，又做煤礦生意，後院裝設了一座像火車頭一般大的蒸汽機。蒸汽機燒熱水，熱水導進家裡，發熱氣使屋子暖和，可以讓祖母身體舒適一些。

物質生活過得很好，卻完全沒有朋友。我小時只和祖父母、奶媽和佣人一起生活，被保護得厲害。家裡宅院又大，附近的小孩根本不敢進來玩。有一次，我和永豐餘集團何家出身的朋友聊起來，我們背景相似，他也說，富家子弟最可憐的就是沒有朋友。我非常贊同這個說法。

可能幼齡時沒有朋友混著玩，我個性怕生，不知道怎樣應付陌生人。等第一天要上幼稚園，問題就來了，一踏進教室，家人一走開，我就開始嚎啕大哭。

日本時代，幼稚園不屬於義務教育，要付學費，能去讀的小朋友都來自有錢人家。我讀的大稻埕幼稚園，在永樂町，與中山北路家有點距離，每天都由奶媽跟我一起坐人力車來去。

在幼稚園，我已經學會日語的五十音，兩年之後，臨要念小學了，突然，家裡氣氛變得好緊張，日本老師要來家裡「考試」，決定我可不可以上小學校。

一般了解的日本時代學制，都說小學分兩種，日本人念「小學校」，台灣人讀「公學校」。這種說法對也不對。事實上，小學校仍有百分之五左右的學生來自台灣人家庭。這些台灣學生的家庭多與日本關係很深，不是母親是日本人，就是來自台灣商紳之家，經過篩選，獲准進入小學校和日本小孩一起讀書。像曾是民進黨總統候選人的彭明敏、前台灣省文獻會主委林衡道等知名人士都念小學校。

台灣小孩要進小學校，必須通過兩項「考試」，除了智力，還要看家庭狀況；校長或三、四位日籍老師來家中拜訪，看夠不夠水準讀日本小學校。

其實我的父親和姊姊都已讀建成小學校，「家庭」一項的評分應該沒有問題，但可能日本老師穿著像日本海軍的制服，夏白冬黑，又全是男老師，看起來很有威嚴，家裡長輩對老師來做家庭視訪還是很緊張，為保證入學，特別改裝一個房間為榻榻米的和室。總之，我順利獲准入學了。

9 日本同學叫我「蝴蝶」

入了小學校卻不怎麼順利。第一天的情形跟幼稚園時一模一樣，又是以嚎啕大哭開始我的小學生活第一章。更糟的是，一開始接觸同年齡小朋友就是日本小孩，簡直像突然被丟進荒野一樣，非常孤立無助。

我一直認為，日治時代，台北有兩所小學校，台灣人最好不要去上，一是我的母校建成小學校，另一所是樺山小學校。樺山的第一位台籍學生就是大家族板橋林家的林衡道，他的伯父林熊徵當時是數一數二的台籍資產家。國史館所作《林衡道先生訪談錄》中，林衡道指出：「很多人都誤以為台灣學生進入日本小學，會受到老師與日本學生欺負，事實上並不是如此。因為能夠進入小學的台灣人，都是很有錢的家庭，老師會積極與台灣學生聯絡感情，希望將來能受到其父兄的提拔，擔任台灣有錢人的保鏢或顧問，不僅工作輕鬆，而且待遇又高，所以老師對台灣學生都非常保護。日本學生看老師對台灣學生如此保護，自然也不會欺負台灣學生……」林衡道教授是我很熟悉的朋友，但他的經驗體會與我不同。

樺山小學校舊舍原在忠孝東路、中山北路的行政院，三〇年代後期遷到隔壁的今內政部警政署。建成小學校則在今天長安西路上，戰後長期為台北市政府，現在改為當代美術館。兩校的學區內，總督府（今總統府）、台北州廳（今監察院）等重要官廳齊集。日本高級官僚的住宅主要在東門一帶。林森北路、長安東路那邊，舊稱「大正街」，也是高級住宅區。所以，兩個小學校的學生是全台灣最驕傲的小孩，他們一遇見台灣人小孩，就想欺負。

小學頭三年，我成績很差。日本學校成績分甲乙丙丁四級。「丁」就不及格，「乙」代表成績平平，日本學生形容成績普通、很多科目被打乙，揶揄為「鴨子的行列」。而我就是「鴨子的行列」的代表人物，每一科都拿乙。

當時日本小孩的心理，既瞧不起成績不好的同學，更喜歡欺負他們。我同學的父親都是警察、高官，把家裡聽見父母蔑視、辱罵台灣人的話，也搬來學校罵。

三年後，同學給我取了一個綽號。我的名字張超英，前頭兩字的日文發音一樣，都發「CHO」。連著念「CHO-CHO」，和日本「蝴蝶」的發音一模一樣。我變成一隻「蝴蝶」以後，每次一走路，他們就在我前後左右喊「CHO-CHO」。日本有一首蝴蝶的兒歌，正是台灣兒歌〈小蜜蜂〉的調子。同學們邊喊邊唱，開我玩笑。孩子小小的心靈不曉得如何面對，所以每天想到要上學，我的眉頭就皺起來，很是苦惱。

小學三年級以前，我的日文一直沒有改善，祖父母也沒有注意要請家庭教師。

幸好三年級時，我姑媽天天用功，準備考中學，看她用功，我也發奮努力。等她考上三高女第一年，她開始有空閒教我如何讀書，我的腦筋剎那間就開竅了，開始可以把一本書倒背如流。四年級時，成績全變成甲，同學也不再欺負我了。

突然的變化，令老師既驚奇又疑惑。第一次我拿一百分時，老師不相信，懷疑我作弊，偷看別人考卷。老師把我隔離到校長室，拿出另一張考卷叫我寫，結果我還是考一百分。當時很小，沒有感覺受侮辱，只是奇怪怎麼還要再考一遍。幾十年後再回想這件事，心中還有一股難抑的火氣。

另外還有一個被冤枉的故事。小學校裡有賣牛奶、麵包、米漿和各式零食，中午休息時可以去買來吃，我最常吃一種三角形麵包。學校不准小朋友帶現金到學校，學校給我們每人一個信封，家人把零用錢放在信封裡，小朋友帶去學校換成食券。食券裝訂一本，要買東西，看多少錢，再一張一張撕下來。

有一天，班上有位同學喊說：「我有一張食券不見了、被偷了！」老師問大家說：「誰拿了？拿出來！不拿出來，大家都不能回家！」日本人做事都是集體性，處罰也是集體性。我們全班就在教室罰站。

一直站到天黑，還沒能回家。我心裡有點怕、有點急，我第一次這麼晚還沒回家。我索性把自己的食券撕下一張，揉一揉，丟在座位旁邊，然後喊說：「哦！找到了，在那裡。」我以為只要犧牲自己的一張食券，大家就可以早回家了，沒想到結果更糟糕，老師懷疑正是我偷了別人的食券。

隔一天，老師叫我去教務主任的辦公室，並請我的家長到學校，要我承認偷竊，我的家長也要我向老師說對不起。可是，我怎麼樣也不承認，老師好生氣，好像我不承認，又多犯了一項不認錯的錯。那一年我的成績每科都拿甲，就只有操行成績被打丙。

這件事對我影響很深。我常覺得，正義不一定法官說的才對。凡事我都抱著存疑的精神，質疑到底是真是假，質疑是否合乎正義，希望能從比較客觀的立場來面對問題。

10 用手把馬糞按進土裡

第四年下半年，隨著美國對日宣戰，日本戰情吃緊，我的小學生活開始愈發軍事化。我的老師很年輕，因指頭有缺陷，沒像其他日本年輕人，被徵去當兵；但他好凶，實施斯巴達式的教育。立正時，連眼睛也不能動一下，一個人稍微有晃動，全體就要受罰。處罰時，大家圍成一圈，好像國會議員準備要投票一般，走過老師面前，他就拿竹竿重重敲我們的頭。一打，頭頂就腫一個包，倒楣的時候，一個禮拜有好幾個包。吵架的話，老師會命令當事人互打巴掌，一直打到他喊停為止。有時，老師會換一種方式說：「好！運動場跑十圈。」任何同學一聽，舌頭都會忍不住吐出來。

學生必須自己清洗廁所，老師要求絕對的乾淨。若稍有不乾淨，就糟糕了；老師會斥令我們自己用手去摸，不僅如此，還要我們自己舔手指頭。

例行的勞動每個月一次，大家必須走路到現在的松山機場，撿跑道上的石頭。另外還有一週一次的清潔工作，椅子統統搬到室外，然後把木頭地板刷得光亮。

為了不讓小孩驕縱，學校規定住神學院（今中山北路台灣水泥大樓）以東的學生才可以坐車或騎腳踏車上學。我正好住神學院以西的第一條街，必須走路上學。我印象很深，早晨大家在神學院門口集合，排隊一起走路去學校。那時台北市才二十萬人，吃汽油的車子才一千多輛，冬天顯得比現在更冷，冷到地上的積水會結冰。我常常在清晨上學途中，邊走邊踩碎路上一層層的薄冰。

等到小學第五年，台北所有各地都被下令種向日葵，籽可以炸出葵花油，供飛機用。學校空地也不例外，當然是由我們小學生負責種花。外面有人會送乾燥的馬糞來，充作肥料。但施肥可不是拿什麼工具去鏟馬糞，老師規定一定要用手把馬糞按進土裡。

那時除了有貴金屬收回運動，白金、黃金都強迫捐出之外，鐵更是軍方急迫需要的物資。我家的鐵窗子一下子變成木頭窗子。預防祖母氣喘的大型蒸汽機，因「非常時」來臨，這座龐然大物也被搬走了。

到了五年級第二學期，日本戰事不甚理想的傳聞一直跑出來，恐有美軍飛機來轟炸，我們家趕緊疏散去北投的別墅（今華南銀行的北投招待所），我也從建成小學轉到北投小學校。幸好我們疏散得早，果然，美軍第一次轟襲，就炸毀我們中山北路住宅的一角，炸出一個大洞。若還守著老家不動，雖不至被炸死，大概也會嚇個半死。

之後，美軍的炸彈沒停過，家人更緊張了，就疏散到更遠的新竹關西。那裡有個偏僻地方叫「馬武督」，我家在當地有礦場，安全許多。曾任總督府評議員的台北聞人許丙和他的兒子許敏惠（曾任華南銀行董事長）來過馬武督，告訴我們日本快戰敗的消息。

八月十五日，日本戰敗投降，長輩們都很開心，但老實說，我們小孩子有點悲哀。祖父一輩的人根本不會跟我們談政治問題，我父親反日，曾被放逐海外，但也不告訴我們為什麼，就如同戰後幾十年來，長輩不敢談二二八、白色恐怖一樣。我們完全接受日本皇民化教育，日本教育我們，將來最好的前途是進入日本軍校。學校和報紙有句口號「鬼畜美英、消滅為止」，老師也告訴我們，美國人來，會做強姦一類的壞事。所以戰爭結束，我們有點悲哀，忍不住疑問為什麼沒有如之前發誓那樣，和英國、美國殺到最後一兵一卒呢？所謂投降究竟是真是假？一直看到街上有台灣人打日本人，才相信日本確實投降了。

11 戰火上海初嚐可樂

小學六年間，有一年我人在上海。小學三年級第二學期到四年級第一學期，有一整年的時間，為了與父親團聚，我轉去上海的日本租界，讀日本第六小學。

父親那時在上海幫祖父做煤礦生意，大賺其錢，錢多得塞滿床鋪底下。上海的家位於靜安寺路，在上海「新市街」另有大洋房，庭院有游泳池。出外有轎車代步，車是從新加坡運來的一九三九年分美國Studebaker，是日本占領新加坡的戰利品。

一九四一年十二月七日，日本偷襲夏威夷珍珠港，第二次世界大戰爆發，我人正在上海。同一天，上海是十二月八日，清晨可聽見遠處傳來悶悶的砲聲「砰！砰！砰！」一到學校，就聽說港外日本船打美國軍艦，戰爭已開始。但是，非常奇怪，上海卻嗅不到戰爭緊張不安的味道。我們家裡人依舊出入豪華夜總會，我穿西裝、戴領帶，常被帶去「七重天」夜總會。「七重天」在七層大樓樓頂，一邊加蓋有棚子，一邊露天。天氣好時，座椅搬到露天那邊，裡面就變舞池，一旁有樂隊伴奏。

印象中，當年的上海比現在台北的敦化南路還漂亮。繼母常帶我去法國租界的霞飛路，路邊有矮牆，種植許多漂亮的花草。過了牆是一塊高高的平地。上面有游泳池，池畔有椅子。我坐在池旁，閒望下面馬路汽車來來往往，有時眼前會閃過遛狗的金髮女郎。我對這一處場景記憶深刻，因為第一次喝可口可樂，就在這裡。到今天，舌尖好像還留著初嚐可樂的滋味，那時覺得，天下怎麼會有味道這麼好的飲料。

整個上海氣氛如此，上海的日本人小學生活也跟著有點海派，不像台灣小學校有軍國主義教育和戰爭的緊張氣氛。我在台灣的建成小學，同學間有日人和台人的差別。到了上海，差別反而消失。這種經驗在我以上那一、兩輩台灣人非常普遍，許多人回憶留學日本，都說他們到了日本本國，發現那裡的日本人對殖民地來的人民並沒有什麼歧視，歧視都發生在台灣島內。

在上海，有一個鏡頭始終留在我的腦海裡。有一天，父親帶我們去看電影，還坐包廂。出了電影院，我們家的洋車就被擋住，一位乞丐坐在地上，斷了雙腿，僅剩十來公分長，靠屁股慢慢挪向車頭，擋住我們的車駛進院子裡。

父親臉沉沉告訴我：「你知不知道，這些人並不是發生什麼不幸，才去鋸斷兩條腿。他一生下來，他的爸爸怕他沒有飯吃，乾脆把他雙腿鋸斷。切斷腿當乞丐，沒有人會去搶他，他還能有一口飯吃，存一條命。若他保有完好的腿，他反而會餓死。」我從小沒有母親，可能因而比較敏感；雖然當時我什麼都有，坐在洋車裡，心底還是感覺無限的悲哀。

祖父、父親（左二、一）戰前在上海的生意依然做得很大，有洋車、洋房。

120442

我也親眼目睹冬天的上海，馬路上隨地死人横陳。這些人沒有房子、沒有飯吃，挨餓受凍致死。中國古語說「野有餓莩」，大概就是這番景象。上海這般的現代大都市，從某一個角度看，彷彿一片荒野；在裡頭的生命如一片落葉，既脆弱又沒有價值。面對這些餓死、凍死的屍體，上海市政府是先弄草蓆遮蓋，過一陣子，再由垃圾車收走，草草丟進黃埔江了事。

在上海坐黃包車，一位客人要坐車，一下子會有十來部車圍過來搶生意。大家惡性競爭，殺價殺到紅眼，從五塊錢喊到一塊錢。怕沒有飯吃，一塊錢也得賺，但不少車夫同時因賣力拉車，失去氣力，血肉枯竭，最後仍然難逃餓死一途。

平心而論，當時中國真的非革命不可。到現在我還是相信，在毛澤東進北平，宣布成立中華人民共和國為止，中國搞革命，百分之百是對的。中國沒有徹底革命，根本救不了。不要說是中國人自己，就是以人類普世的價值來看，上海到處乞丐，到處餓屍，便是一種罪惡，一個國家弄到這種地步，更是罪惡。

童年的上海經驗影響我對「政府」這個概念，一直到後來我都認為，政府要讓百姓有飯吃，能使人民有尊嚴，行事有正義，才是好的政府，否則就必須推翻。

12 門前死了人蓋著草蓆

再一次目睹馬路上遍地有不名屍體，很遺憾是在家鄉台北。一九四七年二月二十八日台北爆發「二二八」事件時，我已是初中生。

先是看見外省人被本省人打，然後台灣人又被阿兵哥打死。家前中山北路上，每隔十公尺、二十公尺，就可以看見一個人死在那裡，有的已蓋草蓆。

我家對面，有一個修理腳踏車的人阿輝仔，小時候，我的腳踏車都請他修理。他根本不是什麼流氓，阿兵哥去他家裡盤查，發現窗沿有用過的子彈，馬上就被抓走，押到雙城街那邊的田地上槍斃。我親眼看見他雙手被綁、頭被砍的死狀。這種人間慘禍或許不該再說，但他的情況比很多人好，家人還知道屍首何在，可以收屍。

另外，教會一位會友的先生李瑞漢律師，戰後之初擔任台北市律師公會會長，曾號召出資修復總督府，以歡迎國府接收。二二八以前，一位外省軍官的太太去著名的「迎」婦產科就診開刀，這位軍官太太罹患癌症，對盤尼西林反應不良而死亡。這位軍官憤而告官，引起台灣第一樁醫療糾紛訴訟，沸騰一時。李瑞漢受「迎」婦產科委託為律師，結果法院判決醫生勝訴。二二八發生，突然就有憲兵和便衣到李家，把李瑞漢和弟弟李瑞峰，以及來家裡聊天的另一位律師林連宗全部帶走，去了哪裡，死在何處，家人都不知道。我們家裡人談起李家的遇難，都唏噓不已。

美國副領事葛超智（George H. Kerr），事後曾記述二二八經過，寫成《被出賣的台灣》（*Formosa Betrayed*）一書。當時他就住在我家隔壁，向張鴻圖先生租借屋後的小房子住。二二八發生，他開了吉普車，想到街上看狀況。吉普車開到圓山台灣神社那邊，被阿兵哥打了一槍，車玻璃碎了，趕緊又折回家。就是葛超智告訴張鴻圖，張鴻圖再轉告我家，家人才知道外頭不能去了。

當時氣氛好緊張。事發後好幾天，中山北路上靜得像被敵軍砲火鎮壓過，只有荷槍的阿兵哥來回巡邏，街上沒半個人。我記得要到對面雙連教會旁邊的麵攤吃麵，都先左右探望，確定沒有阿兵哥，再趕快跑過去、跑回來。

二二八爆發的原因，我想是經濟敗壞和官府貪污腐敗，衍生民怨。當時經濟情況惡劣，以我肉眼所見來說，差不多台北市的騎樓都有賣香菸的人，多半是老太婆，少數年輕人。他們沒有工作，沒有飯吃，賣香菸賺幾毛錢，貼補家用而已。一般合法的香菸裝在一個長方型木箱子裡，暗地也賣走私香菸，警察一來，他們把盒子一蓋就跑掉。壞就壞在，經常一查，走私菸和合法菸一併帶走，賣香菸人的錢也順便帶走了。

很多事情似乎隨便官府愛怎麼搞，就怎麼搞。例如，官方規定，騎腳踏車不能載人，遇有違規，就抓人進去，連腳踏車也一併充公。腳踏車也被要求要裝頭燈，燈沒裝，一樣是人被抓，腳踏車被沒收。警察局門口經常放著一大堆腳踏車。裝頭燈並非像現在這麼便宜、簡單，電池非常貴，可以想見每部車背後帶有多少民怨。

日產接收也是民怨之一。戰爭結束當年十月，葛敬恩為首的前進指揮所來台進行接收。凡是日本人的房子剎那間都變成日產，官方封條一貼，又化為公產。問題是，有些日本人一戰敗，就把房子便宜賣給台灣人，已變成台灣人的財產。八月終戰，兩、三個月後，國民政府來接收，私產一夕間變公產，這些台灣人心裡也氣憤難平。

事件發生後的前面幾天，氣氛最恐怖、最紛亂。父親派我去六條通接幾位外省籍朋友來家裡躲避，我記憶較深的是趙鐵章，他和祖父同為華南銀行董事。

大約過了一個禮拜左右，就開始抓人。打聽起來，抓得相當有系統。我們陸陸續續聽到誰家的誰「沒有」了，好像禍真的會從天降，而且遮天蓋地，幾乎沒有一個台籍菁英要人能夠倖免，最後我父親也被抓走了。

父親當時是台灣省紡織公司協理，屬公營事業。二二八爆發之初，有一批台灣人闖進去打外省人，後來，台紡二十幾個員工連名密告我父親，指控他教唆這些本省人來台紡打人。

父親被抓進日本時代的「東本願寺」臨時拘留所，也就是今天的西門町獅子林，但之前我們並不知道。所幸，當時的台北調查站站長胡寶山的弟弟胡品三與我家有來往，胡品三正在追求我祖母的養女愛治姑媽，祖母也蠻喜歡胡品三的老實忠厚。有一天，胡品三正要走出拘留所時，看見了父親，家裡才知道他被抓去關在哪裡。

祖父心急如焚，四處拜訪可能可以救父親的人，包括曾任駐日武官的楊宣誠少將，他是父親在東京認識的朋友；台灣省工礦處處長包可永因我家是煤商，彼此也熟識。祖父也去拜託財政廳長嚴家淦，甚至陳儀也拜訪過，還帶父親記述學生時代在大陸參加抗日運動的著作《台灣痛史》，但一時間仍救不出來。最後，還是省保安司令部參謀長柯遠芬親自去牢裡把人提出來，才獲得釋放。中間究竟是人際關係或金錢產生作用，我並不知道。

我曾聽父親說，那麼多人被逮捕，據他了解，只有他和基隆煤礦豪族「基隆顏家」顏國年的兒子顏滄海被釋放而已。父親還說，他被關在今天西門町來來獅子林的長官公署臨時拘留所時，曾遇見過台大文學院院長林茂生和大東信託總經理陳炘。他們後來慘遭殺害，被視為台籍菁英在二二八受難的代表人物，至今仍舊不知道他們被屠殺的過程及屍骨何在。

二二八的影響確如一般所說，台灣的菁英階層頓時噤若寒蟬，心態上混合了恐懼、絕望和不屑，瞬間從公共事務的領域退縮，對政府工作不再感到興趣。拿父親來說，祖父只有他一個兒子，日治時代為了抗日，參加中國革命運動，坐了兩年牢獄。國民政府來，卻差一點喪命，他的夢、他的希望，完全地破滅。他對台灣回歸祖國的熱情一天天冷卻。當他發覺同時代的知識菁英朋友消失無蹤時，他也對生命的熱誠摯意消褪殆盡，他的餘生從此在孤獨的書房度過，不再與外界接觸，也不與家人多說一句話，過著自我封閉的日子。

13 騎紅色速克達兜風

一九四五年我考上台北二中，即後來的成功中學。當時我有資格投考台北一中（現今的建國中學前身），但家人憂慮一中絕大多數是日本人，易受欺侮，就要我考台灣人居多的二中。

日本時代，學校於四月開學。所以，我四月入學，不到半年，八月日本宣布投降，我成了台北二中最後一屆學生。同班同學有音樂家林二和熱心捐輸、致力民主運動的商人王桂榮。

那一年的二中競爭激烈極了，二十一人錄取一人。若沒有考取，一律要送廣島、長崎等港口當海軍造船廠的工人。更令人恐慌的是在送往日本的海上，平均十艘船有五艘會在中途遇襲沉沒。一場考試攸關生命，真是史上奇聞。

總之，祖父母緊張萬分。我小時體弱多病，這項考試卻除了筆試外，還得考體育，必須通過伏地挺身和吊單槓兩項。於是祖父叫人在院子裡架單槓，下面鋪沙堆，讓我練習。我卻不小心，曾摔下來過，造成手腕脫臼，雙腕從此大小不同。

我很幸運考上二中，但放榜不久，戰事頻頻，學校已無法平靜上課，完全陷於停頓，我也隨家人去新竹關西的馬武督避難。戰後幾個月，才回台北，進成功中學讀書。

成功中學生活的回憶並不愉快。老師來自大陸各地，南腔北調，課堂上經常因聽不懂而懊惱萬分。我們上了初中才開始ㄅㄆㄇㄈ，中文完全重新學起。然而，那些大陸籍老師自己發音不正確，有教等於沒教。

課外更加痛苦。我家太富有，父親花了四、五百美金，託一位美國朋友從上海帶來一部紅色的速克達機車送給我。我猜想，這大概是登陸台灣的第一部速克達。美國發明航空母艦，面積大如幾個足球場，艦上必須有聯絡東西南北的交通工具，速克達因應而生。我非常喜歡那部速克達，常常騎往淡水，那條是柏油馬路，比較平坦。

我小時候就聽過家裡大人喃喃議論，省主席魏道明就任後的第一項建設是鋪了一條從台北到淡水的柏油路。大人們絮絮的議論其實是以最輕淡的方式，宣洩他們對國民黨的不滿。我父親是淡水高爾夫球場的創會會員之一，耳聞許多流言，說是魏道明鋪這條馬路，無非為了方便自己去淡水打球。

騎著速克達，我發現雨不喜歡竹圍。常常到了關渡，還飄著雨。轉個大彎，即要進入竹圍，雨就停了。再上坡，準備離開紅樹林，進到淡水，又望見雨了。在我年輕的心裡，便開始藏了一個美妙的竹圍印象。六十五歲退休當時，我想在台灣買房子落腳，就毫不猶豫選了竹圍。

中學時年紀小，不知道低調為何物，我每天騎著沒有牌照的紅色速克達。還仗著是時髦玩意，警察連看都沒看過，法令也找不出半條可以管我，整天在街頭飛奔。老實說，即使警察要攔我下來盤查，以他們「鐵馬」（腳踏車）的速度，追趕我紅色速克達揚起的灰塵都來不及。

我不僅騎速克達，有時快遲到，祖父就叫人開汽車載我去學校。同學們很快都知道我家很富有。大戰剛結束，尋常百姓一貧如洗，生活非常困苦，祖父的富裕招來許多嫉妒。於是有些同學就和外面的流氓幫派勾結勒索我。多半由同學先偽裝傳話：「張超英，外面有人找你。」我一出去，他們就伸手說：「我沒錢，借我錢。」不然就是說：「照相機借我。」有借無還，形同勒索。假若我有難色，他們馬上亮出刀子。我怕死上學了，視上學為畏途，家人決定上下學都由汽車接送，但是仍舊有人進到校園內威脅我。實在別無他法，最後只好轉學。

祖父一直信奉日本的一句諺語「可愛い子には旅をさせろ」，也就是「疼愛孩子，就讓他遠遊」，與台灣話說「過鹹水才會大」一樣意思。我父親中學時就去香港，此時我十四歲，家人也決定送我去香港。二、三十年前，父親進入「拔萃學院」，但我選擇英國人辦的Royden House就讀。

Royden House教學全用英語，所以去之前，我先轉去淡水中學，白天正常上學，下課就去德姑娘（Miss Taylor）和杜姑娘（Miss Douglas）那兒學英文。她們都是教會的傳教師。以前稱呼來台傳教的西方女性為某某姑娘。

半年後，我會講幾句英文，一九四八年我就前往香港。家人擔憂，挑選二二八受難者李瑞漢律師的兒子李榮昌為學友，陪我去香港。在香港那邊，就拜託香港有名的台僑蔡愛禮醫生照顧我，他同時也是香港醫學院的教授。一開始與陳炘的兒女在九龍的公寓分租兩個房間，然後再搬到香港半山腰的活倫台的公寓。

14 美聯社記者太太教我英文

其實不需要蔡醫生特別照料，我在香港過得非常愉快。每天午後三點鐘下課，我就跟一群同學去淺水灣游泳、喝茶，日子過得很逍遙。

Royden House是貴族學校，學校下課，校門口需要交通管制，因為太多汽車來接送學生了。我的同學中就有香港著名電影公司邵氏公司老闆邵逸夫的侄子邵維雄。日本時代當過貴族院議員的台籍聞人許丙，他的兒子許敏忠也是我的玩伴之一。許敏忠也是影響台灣藝術表演甚鉅的新象負責人許博允的叔叔。

在香港，我獨自住公寓房子，但去香港的台灣人不是人人如此。我認識十幾位台灣青年，他們共同住在「灣仔」，房子是台灣人葉仁義所有，他隔成一個個房間出租。這些人的綽號不是豬，就是羊，所以，大家稱呼這棟房子為「動物園」。

「動物園」裡，有親共的人，也有台灣意識很強的人。後來，親共的四、五個人跑去北平。有一天，一個人去又回來，帶了一封信給我。打開一看，原來是我的三姨甘瑩輾轉知道我在香港，寫家書給我。

甘瑩三姨的先生蘇子衡早年留學日本仙台市的東北帝大，入了日本共產黨，

在香港念書時，每天下課便和同學到淺水灣游泳，生活好不愜意。

之後轉去大陸參加中國共產黨，加入長征行列，成為中共的老幹部。在大陸，曾擔任過台盟主席和大連市副市長。三姨則在外語學院教日文。

在我們一般的觀念裡，共產黨員唾棄物質享受。想不到，甘瑩阿姨在信中附了二十元美金，要我代買一枝派克51型的鋼筆。而且聽回來的人說，北平還有舞廳。

在香港的生活有趣味的一面，學業方面我倒也沒有放棄。我曾經自己做主，同時延請了三位家庭教師，一位教中文，兩位教英文。其中，西西莉亞・馮小姐畢業自上海聖約翰大學，她教我英文文法。但仍覺不足，我就再登報徵求英文老師。很快，有一位美國太太寫信過來，她叫Margaret Hampson，我認為她是我人生轉捩的重要因素，也啟發了我一生事業的方向。

她的先生Fred Hampson是美聯社（Associated Press）資深知名的記者，也是上海淪陷前，美聯社最後一位駐上海的記者，寫過好幾本關於中國的書。他原來在上海的外國人圈子就很活躍，一九四九年解放軍到上海才轉駐

香港，活躍依舊。一九五五到一九五六年擔任香港外國記者俱樂部的主席（president）。

Hampson太太長住香港的Gloucester Hotel。她沒有子女，見我來自遠東島嶼的大男生，很投緣，對我非常親切。每次去上課，她一定搾柳橙汁招待我。有時，她也帶我去外國記者俱樂部。俱樂部的陽台可以俯瞰香港港口，景致優美。我們經常在這樣舒暢的場所上英文課，今天回想起來，似乎還聞得到那種心曠神怡的海風。

我也會請她吃最貴的法國菜，慶祝她的生日。那一次，我們去「巴黎俱樂部」，當時我英文還差得遠，看不懂菜單。見她點菜，我也依樣畫葫蘆。等侍者端來，沒想到竟然是蝸牛肉。雖然蝸牛肉是法國菜裡的上品，但我根本不敢咬，只好硬是一口一口吞進肚子。

Hampson太太對我最大的影響，不僅是教我英文，也教我民主思想。她告訴我什麼是民主、什麼是言論自由和新聞自由，還講美國開國思想家傑佛遜的故事給我聽。經她洗腦，我非常憧憬當新聞記者。

她講過一句話，也影響我一輩子。她說：「我買股票，絕對不買販賣軍火武器公司的股票。」我想她是反戰的人道主義者。我有兒子以後，也從來沒買過刀槍、坦克的玩具，不讓小孩接觸。若有朋友送來武力性玩具，也一律扔進垃圾桶。不過，人生充斥反諷，我唯一的兒子後來卻志願進美國空軍，當上戰鬥機的飛行員。

在香港時，除了請英文家教外，還紮實背過莎士比亞的劇本，這讓我的英文能力大有進展。香港屬英國殖民地，英國人視莎士比亞劇如中國人的論語，他們認為人情世故、七情六欲、愛憎貪嗔、所有生活經驗和英國人的智慧，盡在莎翁戲劇裡。所以，進大學前的學力測驗必考一齣莎士比亞的戲劇，考前會指定當年的劇本。考時題目會出現前後兩段台詞，考生必須把中間默寫下來。我中學二年級那一年指定《威尼斯的商人》，我背得滾瓜爛熟，非常起勁。

15 和未來的日本皇后跳舞

在香港兩年後，日本戰後經濟待甦，邀請香港組織貿易團去，我的祖父和父親都參加了貿易團，我則是抱隨團旅遊的心情，跟到日本去玩。

一到日本，就有祖父他們的朋友建議我留在日本念書。我迷迷糊糊，不知道該主張什麼，就聽從安排，沒回香港的Royden House了。

記得父親告訴過我，你要念書、知道世界，留在日本勝過去美國。日本引進全世界的文化，去神田書街，可以找到全世界語文的字典。日本擅長翻譯，全世界文學都有日文版。

我雖念日本人小學，但初中換讀中文，又到香港念英國人辦的中學，若準備到日本讀大學，恐怕日語能力有落差，所以家人安排我先進東京一個文部省認可，但非體制內的特殊學校「文化學院」，磨練日文。

文化學院是日本大正時期著名的文化重鎮。若要選出影響日本近代教育思潮的十個人物，文化學院院長西村伊作（Nishimura Isaku, 1884-1963）必然中選。西村的父親是伊勢神宮附近富有的地主，也是虔誠基督徒。西村從小接受父親西式自由的教育，影響了他一生的作為。一九二一年西村在東京神田駿河台創辦文化學院，標舉自由教育的理想，成為日本文藝界的文化重鎮。

日治時代台灣新文學運動的重要文學家楊雲萍就曾留學文化學院，受教於當時日本文壇巨擘菊池寬、川端康成、小林秀雄等人，楊雲萍的文藝觀和創作風格深受影響。

一位三井財團要人的太太和我家裡熟識，她是文化學院校友，承她介紹認識院長西村伊作，我就特別被收容寄宿在文化學院校園內，朝夕與西村先生同處。我在文化學院的一年間，我和西村住同一棟三層樓的校舍。二樓是西村的書房和客廳，三樓有他的臥房和餐廳，我一個人住三樓再上去的閣樓，彷彿他的家人一般，日常相處時間很多。除了平時和西村院長一起吃飯，週末也常常一起散步到神田。神田是東京文化氣息最濃的地區，充斥書店，也有許多激發文思的咖啡店。西村是很時髦的文化人，常散步去神田，買咖啡豆回來自己煮。

西村有七個兒女，又認了一個義女「三輪淑子」，服侍西村平日生活起居，我的生活也蒙淑子照顧。三輪淑子跟著西村學習陶藝，日後成為有名的陶藝家。幾十年後，我因工作重返東京，她仍念念不忘告訴我太太，在文化學院那段生活裡，她每天幫我準備洗澡水，還得幫我準備報紙，我就一邊泡澡，一邊看報。

学
ATHÉNÉE FRANÇA
アテネ・フラン

右圖：文化學院的特殊際遇非平常青年能有。
上圖：五十年後重返文化學院，指著當年寄宿的閣樓。

在文化學院，我還學習到一般學校不可能提供的課程。西村伊作享有盛名，每天有小說家、音樂家、雕塑家、各種文化界人士來找他，我經常都有機會在一旁聆聽，一睹當時日本文化界人士的風采，呼吸一點日本戰後文化界的自由氣息。

在文化學院一年多的期間，我寫信給香港的Hampson太太，聊到我著涼又去游泳，老鼻塞，她鼓勵我申請去美國念大學。Hampson太太說，可去美國南方的新墨西哥州州立大學，那裡海拔高，天氣暖和，也比較沒有種族歧視。我很心動，請西村伊作院長寫推薦信，並提一份成績單證明。美國的新墨西哥州的州立大學接受我，我很高興準備去美國，又跑回香港去融入英文環境。沒想到，中華民國政府莫名其妙，不讓駐日大使館直接給我護照和簽證，政府等於逼我回台灣辦手續。我既不回台灣，被迫只好老老實實留在東京念大學。

親戚們無一不叫我去考東大，考慶應大學，我都搖頭，一心執意要考明治大學。因為聽說明治大學將會成立新聞學部，我很想當記者，所以決心去考。考試很單純，只考兩科，日文和英文。我的日文不如一般日本人，英文卻強過太多日本學生，截長補短，幸運順利考取明大政經學部。

進了大學，更知道未來世界是英語的世紀，另一方面，我隻身在日本，時間多到用不完，所以，夜間還去上智大學，那裡的英文老師全是西方臉孔，我選修了「英文修辭學」，加強英文能力。

三五朋友相約從群馬縣澁川站前往伊香保溫泉區是大學時代的快事。

日清製粉株式會社社長的千金，讀聖心女子大學。我一聽，倍感親切，換我介紹自己說：「我家正是你家公司的台灣總代理。」因這層關係，美智子坐我隔壁，我們聊了特別多的話，玩很多遊戲，我也邀請她跳舞。耕造卻猛來拉我離開，弄得我一頭霧水。耕造跟我講了一句：「她不是你的啦！」我更迷惑。

五〇年代東京六大學的野球大賽，張超英在學那幾年，明治大學連連獲勝，神田區商家入夜即提燈慶祝，明大學生也一定到神宮球場加油。

後來我才知道田中耕太郎的身分是皇室運營委員會主席，負責幫明仁皇太子尋找適合的皇太子妃人選。舞會即為了這個目的而辦。一九五七年春天，美智子自聖心女子大學英國文學系畢業，隔年底皇室會議就決定皇太子與美智子的婚約。到這個時候，我才知道自己曾經與日後的太子妃，也就是現今的明仁皇后跳過舞。

16 新聞局只有四個台灣人

明治大學畢業前，我申請美國耶魯大學國際經濟研究所，非常高興耶魯回函接受我。但是這一次，又因我始終沒有回台灣辦護照，中華民國政府駐日使館拒發護照給我，只好放棄赴美留學的念頭。現在回頭想，那時候大概受日本教育薰染，人很單純，頭腦直直的，見到障礙物，也沒想要轉彎，就一個念頭——「啊！必須回台灣了！」一九五七年，台灣又剛好頒布一個留學生回國服務的辦法，我就去領事館辦簽證回台灣了。

我有很多唱片和書，以前不能帶那麼多東西上飛機，所以，我搭船回台灣。一九五七年，日本已逐漸從戰後復甦，工商發達，所以我上船的神戶港燈火通明。經過四天三夜，靠近台灣時，卻是一片黑暗，只見基隆港有阿兵哥巡邏的身影。突然間我非常後悔，後悔為什麼要把自己丟進這個黑暗的島嶼，但也已經後悔莫及，只得往前走了。

一九五〇年韓戰爆發後，台灣情勢漸趨穩定，我家又從香港搬回台灣。繼母心血來潮，把宮前町的樓房改造成觀光飯店，叫做「綠園」。規模不大，就十幾個房間，但來客都是外國人，特別是與美軍有關的旅客。我姊姊超雄因而結識美國朋友，進到美軍顧問團的合作社上班。她很時髦，喜歡購物，美軍顧問團裡有最新奇、最摩登的東西，她在那裡真是如魚得水。

我一回台灣，姊姊的一位朋友介紹我去美軍顧問團人事部做事。人事部經理是一位黑人，叫E. J. Perkins，體材魁梧，雙眼大如核桃，相當有學問。他畢業於哥倫比亞大學政治系，聽說我在日本也念政經系，對我格外親切。Perkins後來成為美國第一任黑人大使，派駐南非，娶台灣苗栗客家籍的小姐。

Perkins人雖好，可是我發現領一枝鉛筆，還得士官長這類人簽字。我想想這裡實在不是一個久留之地。

我當時的想法很單純，台灣各方面都很黑暗，我一定要想辦法出國。幾位朋友建議說，想出國的話，只有進外交部和新聞局兩個公家機關，才有較大機會。但是外交部官僚化比較深，新聞局則於一九五四年元月在台恢復設置，還算新機關，去新聞局好些。

當時行政院不像現在，下頭的部會除了八部二會，就只有主計處、美援運用委員會和新聞局而已。而且威權體制下，政治部門權力遠大過民間，一個芝麻官都走路有風。前局長沈昌煥和當時在任的沈錡又出身蔣介石總統官邸，新聞局因此頗有地位。

因想出國而考進新聞局，張超英逐漸從工作中激出台灣人意識。

我沒有太多猶豫，馬上去教育部詢問留學生回國如何能進新聞局服務。教育部說，要考英文。那時根本沒有留學生回台灣，戰後第一代留學生也還沒出去，所以考試時，只有我一個人在教育部應考。成績及格，就分發進新聞局。

一九五八年我初進新聞局，由副局長朱新民和我談了一下，就決定派在資料處。那時人手不夠，國外寄來的雜誌、剪報、書籍，全堆在牆邊。我剛去，就先充當圖書館館員，把大堆書報整理好。

那時的新聞局，全局上下五、六十人，除我以外，台灣籍只有三個。一位是前新聞局副局長、前駐以色列代表鍾振宏，時任聯絡官。另一位前新聞局副局長黃老生，當時和我隔桌對坐，都新進新聞局不久，頗有難兄難弟的味道。另一位是廖昭雄，一九六一年獲美援會獎學金赴美留學而離職。

當初公務員待遇很差，一個月只有幾百元，這種薪水果真只有「薪」和「水」。黃老生好幾次跟我說：「這裡沒有希望，錢也少，我要辭職。」我都鼓勵他，也勉勵自己說：「我們沒有幾個台灣人在這裡，你不要辭。」

和洋顧問（前右二）及同事於舊時的新聞局門口。

17 絕不勉強說台灣是民主國家

進新聞局不久，國際處聯絡室主任虞為注意到我這個人打字很快，日英語流利，聯絡室缺乏人才，就把我借調去當聯絡官。

早年，新聞局和外交部在對外工作分工明確，凡是有邦交國的人員來訪，歸外交部，無邦交國則歸新聞局。

一九六〇年代，國際的大局勢基本上是中美同盟共同對抗共產世界。實際合作的關係落實到新聞局國際處的層次，就是美國中情局給台灣國際宣傳的經費，以「自由中國」為主軸，向國際極力宣揚台灣的「自由」與「民主」。

國際宣傳工作中，台灣為了鞏固聯合國席次，對新興國家數目最多的非洲特別使力。有一次，非洲迦納的國家廣播公司總裁安喬洛來台灣訪問。他畢業於美國哥倫比亞大學，可能因為在美國生活過，對黑人被歧視的處境深有體會，對於什麼是正義不正義、什麼是種族歧視，有很多個人的哲學。和他接觸令我印象深刻，也讓我覺得，千萬不要輕視非洲國家，非洲也有很多聰明人。

接待外國記者採訪也是聯絡室的主要工作之一，但工作不易。例如有一次，外國記者來，指名要採訪非國民黨的省議員「郭大砲」郭國基，我們馬上請示要不要帶外國記者去，或者准不准拍攝畫面。那時正當選舉，郭國基立刻對外宣傳說，美國記者要去採訪他。警備總部馬上打電話來罵新聞局說：「我們警總拚命要擋住他，你們新聞局怎麼捧他場！」就是因為這類「熱線電話」，在下面做事非常難為，弄不好被扣「通匪」罪名不是沒有可能，至少也會被列入思想有問題的名單。保命之道就只好層層往上請示。

一九五〇、六〇年代的新聞局，我們的「上面」依理應該是局長沈錡，但他還兼中央黨部第三組（文工會前身）主任，新聞局的事他不大管，多委由主任祕書龔弘掌握決定。沈錡主要的工作之一是每天接蔣介石老總統下山，在車上念報紙給他聽。所以，唯一的副局長朱新民主管對外公關及聯絡室的運作，是我們國際宣傳工作的第一個「上面」。

但上面還有上面，在朱新民之上，還有前《中央日報》總主筆陶希聖。當時，這類有觸犯政治禁忌之疑的事情，最後裁定人就是陶希聖。陶希聖為蔣介石所著的《蘇俄在中國》背後的執筆人，深受蔣的信賴。

有一回，新聞局安排外國記者去警總採訪。外國記者問警總，為什麼逮捕某某人。警總的官員竟然回答，抓人是日常便飯的事。真把新聞局氣瘋了。新聞局拚命在做「自由民主」的國際宣傳，警總卻自己說了一句「良心話」來壞事。

不過，由此可見，處在台灣政治專制的時代，負責國際宣傳業務，分外辛苦。來訪的新聞記者，甚至有旅行雜誌記者常常會問我，國民政府的政治如何，我的回答往往會變成那位記者文章的一部分，這使我陷入兩難。但我又想，台灣明明獨裁統治，卻要自稱Free China。來訪記者不是傻瓜，硬生生要為政府粉飾，更增添他對台灣的嫌惡。於是我想出一個辦法，坦誠告訴他們，我有兩個立場。我絕不勉強說台灣是自由民主國家，我會說明，中華民國雖是獨裁國家，但這是過渡時期，沒有辦法。我們會一步一步改進，希望有一天成為民主國家。這樣一來，外國記者不會看不起我，也願意和我交往，結成朋友。

一九六〇年，日本自民黨幹事長川島正次郎先生來台灣訪問，《讀賣新聞》、《每日新聞》和NHK的記者跟隨來採訪。我單獨和日本記者一起時，我的日文程度叫他們驚訝，他們發現我是本省籍台灣人，且受過日本教育後，私下問我：「我們覺得台灣問題很多，你是我們少見的台灣人，到底情況怎麼樣？」我的回答公式只能是：「台灣地處偏僻，日本政府只以此為殖民地。中國政府來，代表中華文化重心的故宮移來台灣，中國很多學者菁英也跟著移來台灣，台灣從地方躍為中央，由這些方面看，對台灣不是壞處。當然，國民政府有許多不公平的政策。但是，到底要給國民黨政府長一點時間解決或馬上解決，畢竟每個人看法不一。」

比較起來，待在新聞局國內處比在國際處工作輕鬆多了，他們只需應付自己人。早期，國內處打一通電話給報社，指某條新聞不能發表，報社就不敢發表。而且這種電話還不需勞駕到處長。第一處（即後來的國內處）當時有位科員叫朱正明，每週各部會首長輪流到新聞局開記者會，都由朱正明和各報記者聯絡。記者可發新聞與否，全由這位科員心證決定與指揮下令，今天看來，真是不可同日而語。

18 艾森豪訪台行程分秒不差

我擔任新聞局聯絡官三年中，美國總統艾森豪訪華給我的印象最深刻。一九六〇年，日本正要修改安保條約，日文稱為「安保改定」，抗議的聲浪一波接著一波升高。在六月十日一次學生抗議隊伍中，一位叫樺美智子的女學生不幸在雜遝擁擠的人群中被踩死，引起更大的反美風潮，歷史稱之「樺事件」，首相岸信介因此臨時拒絕美國總統艾森豪訪問東京。

在這裡，我看見日本把人命視為無上價值的表現。拿台灣曾經發生的鄭南榕自焚事件來對照，有人可能會笑他傻，或者冷漠說一句「何必如此」，甚至有人會更殘酷說鄭南榕活該。但換到日本，人命至上，一個人願意為抗議政府而結束生命，一定有原因，政府和人民都應該深深反省檢討。

隨後，艾森豪轉來台灣訪問*。我是新聞局聯絡官，也到飛機降落地點招待記者。我發現美國人計畫的行程表做得非常仔細，每個行程都細膩到幾點幾分幾秒的

*艾森豪於一九六〇年訪台新聞，可上YouTube 搜尋「Eisenhower In Taiwan」影片，或連結網址https://goo.gl/ywXGDT。

一九六〇年美國總統艾森豪訪問台灣，蔣介石總統迎接於松山機場。

地步。而且，分秒不差，極其準時。行程表上說，幾點幾分有多少飛機到達機場，果然，手錶一看，抬頭一望天空，幾十架直升機像蝗蟲壓境一樣，天空頓時黑鴉鴉一片，飛入台北的上空。依照行程表規畫，幾分的時候，艾森豪會從機上下來，蔣總統幾分從座車內出來，走幾步路去迎接，幾分碰面握手，時間掌控得準時無誤，真教人嘆為觀止。

這一次是美國總統首度訪華，第一次看見機場紅地毯拉得長長的，也是第一次在台北看見那麼多記者。美國的國力之大在那個剎那間，好像肉眼就看得到似的。

由於工作性質相同，我和艾森豪的新聞祕書Hagarty與來訪的記者一起聊天。Hagarty告訴我，艾森豪為了不能去東京，非常憤怒。戰後日本被美軍占領接管多年，沒想到日本竟膽敢拒絕美國，而且是拒絕美國總統。

19 拍紀錄片在法國得獎

台灣的紀錄片現在頗為發達，追溯戰後以來的發展，應是官方最早開拍製作。戰後台灣的第一支向國外發行的紀錄片叫《清明上河圖》，拍下整幅《清明上河圖》真蹟，配上音樂，並在第十四屆愛丁堡國際影展得獎。《清明上河圖》的原始構想人出自前新聞局主任祕書和副局長龔弘，實際執行製作委託農復會，但新聞局出資，所以名義上還是新聞局拍製的紀錄片。《清明上河圖》得了國際大獎，新聞局因此很受振奮，躍躍欲試，想自己下海操刀，於是，一九六一年有了拍製紀錄片的新計畫，而我也被找上了。

題目首先選定為《寶島三日》，界定為一支觀光性質紀錄片，希望向外國旅客推薦在三天之內，可以遊覽台灣哪些風土文物。這件工作指定國際處第三科視聽科辦理。但紀錄片開拍沒一個月，科長廖昭雄就拿美援會的獎學金到美國波士頓大學念書了。

國際處長陸以正轉過來找我：「你會拍照片吧？」我答說：「會啊！」陸以正馬上說：「好，你來當導演。」兩、三句問答，就決定由我開始接手拍攝《寶島三日》。

老實說，那時我連電影一秒鐘有二十四格都不曉得。幸虧攝影師齊和熙是台灣製片廠的資深攝影師，承他大力協助，拍攝得很順利。

我們花了半年時間，跑遍全省各地，開拓中的橫貫公路、日月潭、陽明山的櫻花、龍山寺的舞獅、划龍舟都入鏡了。拍攝高山族的傳統舞蹈時，花蓮縣長柯丁選還親自下海打鼓。去圓山飯店拍攝中華美食，需要幾位臨時演員充當老饕，我太太也在紀錄片中軋了一角。

我記得，陸以正和我平常白天上班都忙，剪輯一個段落，我都只能選擇晚上去陸家，請他過目，他提出批評和建議，我再帶回辦公室去剪。

就在新聞局剪片子的那段期間，突然傳出局裡鬧鬼的疑雲，說是一到晚上就聽見莫名的嬰兒哭聲。我不知道嬰靈鬧鬼之說傳播多久，但傳到我耳朵時，謎團就解開了。因為，那嬰兒不是別人，正是我的大女兒。那時，她才幾個月大，是我的第一個孩子，每天捨不得沒看見她，我常常回家吃完飯後，把她抱到辦公室。我剪片子，她就躺在一旁咕咕噥噥，自己變出許多遊戲來玩。

辛苦來來回回陸以正家和辦公室，以及鬧鬼傳聞落幕後，《寶島三日》紀錄片終於完成了。一九六二年，《寶島三日》送去全世界的使領館放映。同年八月，參加法國馬賽舉行的「第四屆觀光電影節」影展，名列第二，榮獲銀牌獎。當時，駐法國大使館有報告回台灣說，實際上應該得到首獎，但因我們是亞洲國家，遭受歧視之故，才變成第二位，輸給西德。不論如何，還算是獲得大獎，新聞局非常高興。

不過，中間發生一個不誠實的狀況。這支《寶島三日》紀錄片既我導演，也由我剪輯，導演卻由廖昭雄掛名。在未得獎前，廖昭雄在波士頓大學的碩士論文與視聽教育有關。他寫一封信給陸以正說，希望畢業論文能用這支帶子，因此陸以正徵得我的同意後，決定導演的頭銜由廖昭雄頂替，我的名字反而與這支片子毫無關係。

依我的個性，當時一點介意也沒有，更不會去跟長官鬧脾氣，反而陸以正有所虧欠，覺得應該彌補我，後來就選派我去加拿大進修學習紀錄片。所以，人生不需計算得太厲害，許多福氣可能由看似吃虧的事帶來。

新聞局這時有意擴大紀錄片單位，指派我去學製作紀錄片的全套知識，包括預算、行政、政策、維修機器等等，以便回來可以訓練新人，組織一個嶄新的單位。

一九六三年我便前往加拿大國家電影局（National Film Board of Canada）學做紀錄片。因拿的是聯合國的經費，必

須先去紐約聯合國報到。那時搭飛機出國，宛如大事。到美國的機票要一千多美元，而一般薪水只有幾百元台幣，差距百倍以上，所以，若有出國，一定老弱婦孺總動員，全家人都到機場送行。

赴美的飛機固定要停東京、夏威夷、舊金山、芝加哥，再到紐約。由於出國不易，飛經太平洋更稀奇。所以，我那次搭乘日航班機，日航公司在飛離夏威夷後，

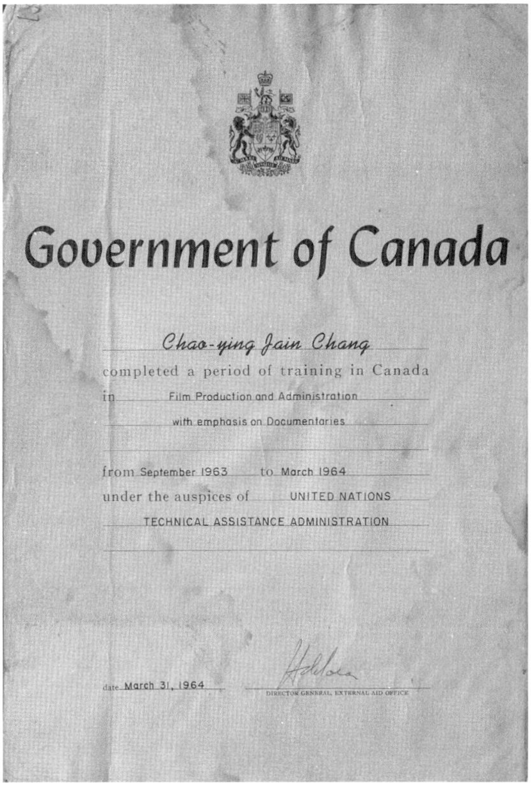

Government of Canada

Chao-ying Jain Chang
completed a period of training in Canada
in Film Production and Administration
with emphasis on Documentaries

from September 1963 to March 1964
under the auspices of UNITED NATIONS
TECHNICAL ASSISTANCE ADMINISTRATION

date March 31, 1964
DIRECTOR GENERAL, EXTERNAL AID OFFICE

右圖：到全台各地拍攝的《寶島三日》，獲法國觀光電影節銀牌獎。

上圖：由加拿大政府發給的紀錄片受訓證明。

還送給每位乘客一份證書，證明有過飛越換日線的「壯舉」。

初到紐約，向聯合國報到後，聯合國安排我住Hotel Tudor。那時真是鄉下土包子，晚上，聽到警車鳴笛聲，因為台灣還沒有這種警笛聲，第一次聽，心驚肉跳，還以為街上發生什麼暴動。

領到聯合國給我一個月美金八百元的零用金，我便坐火車前往蒙特婁的加拿大國家電影局。加國電影局為全世界最著名的紀錄片製作單位，出品的紀錄片始終在影展中得獎。當年，他們一部紀錄片平均製作費高達十二萬美金，可見要叫馬兒跑，給牠好的草是必要的。

在加拿大受訓一年期間，一切如常，當時加拿大社會最大的新聞是法國裔的魁北克省追求獨立的行動，一直沒有停歇過。我常常遇見加拿大人問我：「對英法系統鬥爭的問題，有何看法？」我常感到尷尬及悲傷。事實上，台灣有更深層的困境。法國裔人在政治上未遭受恐怖統治，沒有所謂的政治犯。法國裔在經濟上居於劣勢，有經濟上的受壓迫感而已，但法裔加拿大人已感覺受到嚴重的壓迫感，轉化成渴望脫離加拿大，獨立建國。

＊張超英先生所執導的影片，可連結網址https://goo.gl/TVafxF。

20 蔣家皇孫醉酒開槍

一九六四年，我自加拿大歸來不久，局長沈劍虹認為，美國人了解台灣比較多，來台灣的人也多，現階段應該加強對歐洲宣傳。所以透過英國新聞處介紹，找來一位英國導演，以四、五萬美金的酬勞，聘請他導製《今日台灣》的紀錄片。攝影師由新聞局提供，拍成後送英國的電影院放映。

英國導演要求先看景，沈劍虹重視這件事，除了指派我陪行之外，還找了新聞局聯絡官姚雙，以及UPI（United Press International，美國合眾國際社）的記者陸正做顧問，陪同導演夫婦巡迴全省。

出發後，從台中進中部橫貫公路，目的要看橫貫公路全程的景。走到梨山，意外遇見時任行政院國軍退除役官兵就業輔導委員會主委蔣經國的長子、總統蔣介石的長孫蔣孝文。蔣孝文經常在台北的FOCC（中國之友社）出入。那裡採會員制，會員才能進去跳舞、喝酒、打保齡球，洋人和外國報紙的中華民國籍記者很多，陸正多少與蔣孝文認識，就聊起來。蔣孝文問我們準備去哪裡，我們是往花蓮方向走，他就表示要和我們同行。

蔣孝文當時應該是台電桃園區經理，我不了解他到橫貫公路上幹什麼。我們全部人分搭兩部車繼續前行，我就坐在蔣孝文吉普車的後座。聽說司機和蔣孝文從小一起長大，叫什麼姓名，我已經無法記憶。

在車後，我看見蔣孝文身上一直抱著高粱酒，一路上不停地喝。當時沿路沒有公用電話，蔣孝文就叫梨山公路局站打電報給公路局，說我們要下榻台電招待所，請他們準備。幾個小時後，我們到達台電招待所門口，招待所裡卻一片漆黑。一會兒，招待所裡跑出來一個老頭子，大喊：「誰啊？」蔣孝文這時已有點醉酒，聞聲就開槍，司機趕快抱住他說：「蔣先生，息怒！息怒！」招待所的老先生一下子逃得無影無蹤，我們只得另覓夜宿之所。陸正和姚雙建議去天祥的中國旅行社招待所，等抵達天祥，已過深夜子時。

隔天清晨醒來，陸正和姚雙留了一個條子說：「我們有點事要辦，先去花蓮。」我猜想，前一晚蔣孝文醉酒開槍，他們很機警，馬上意識到蔣孝文是個危險人物，萬一他又出個什麼事，很可能會被栽贓嫁禍，所以早早溜之大吉。我看著字條，心裡很生氣，怎麼可以這麼沒有義氣，丟下我一個人陪這位危險的「皇孫」！

雖然生氣，我也不可能撇下英國導演不管，只得繼續留下來陪他們看景。導演兩夫婦倒很悠哉，心情未受波瀾。所幸接下來兩天平安度過，蔣孝文並沒有惹什麼麻煩。晚上無聊，我還和他聊天、打撲克牌消遣。

我問蔣孝文：「你有沒有什麼台灣人朋友？」他說：「有，黃朝琴和吳火獅。」黃朝琴是前省議會議長，人在官場，跟蔣家第三代認識，不教人意外，然而，新光集團創辦人吳火獅乃一介商人，關係能打到蔣家官邸，可見他的政商手腕非比尋常。

蔣孝文也聊自己，我還記得很清楚，他說：「實在講，我也得爬電線桿，雖然雙腿直發抖，可是想想我肩上揹著三個字（意指他的祖父「蔣介石」），也不得不爬。」

和這位蔣家皇孫在天祥待了兩個晚上，雖有短暫接觸，之後，我就再沒見過他了。

21 被誣從越南帶嗎啡回台灣

一九六四年，從加拿大受訓回來後，視聽科擴大成立為電影室，我被調升副主任。一九六六年，新聞局決定去越南拍中華民國農耕隊技術援助越南的紀錄片。當時正值越戰，新聞局為我們買了保險，史無前例的做法增添了行前的緊張氣氛。

我們搭乘民航機去，卻下降在軍用機場，西貢的Tansunnut機場，氣氛很嚇人。從飛機場到旅館，沿路一直有人開槍，人命好像晾在竿上的衣服，在空中飄盪，卻無法逃離，隨時可能被砲火擊中。

戰況很激烈，危機四伏，我們原來住的旅館，因住客洋人居多，我們不得不考慮安全，最後搬到China Town華人經營的旅館去住。

有一天，去Danan看美軍前線基地，拜訪一位美軍中將司令官。才剛從基地離開，坐上直升機，就目睹B-29轟炸機把附近的山地農田炸得像月球表面一樣，我嚇得目瞪口呆，突然有種錯覺，感覺自己好像搭直升機在月球上飛行。隔天，一看報紙，昨天那位受訪的司令官已經殉職。生命竟能像點火柴一樣，才剛劃過點燃，瞬間就火滅人寂。

事實上，當時在槍林彈雨中並沒有太多奢侈時間感嘆與悲憤，我只懷疑為什麼砲彈從不放過我們。我們十月中旬出發，離開西貢，預定在西貢以外的地區拍攝一個月。中間恰巧遇見越南十一月一日的國慶日，我們又回到西貢。越南政府在總統府前舉行閱兵，閱兵台對面有記者席，我們也抓住難得的機會去現場拍畫面。閱兵進行中，突然，一發接一發的砲彈掉落在閱兵隊伍中。記者席也受波及，我隔壁一位法國記者給炸斷一隻胳臂。現場一片混亂，成千上萬人一哄而散，場面教人怵目驚心。原來是越共從湄公河裝大砲，打了二十幾發砲彈。

在越南簡直度日如年，好不容易一個月過後，終於可以離開。誰知臨行飛機輪胎又爆炸，急得人冷汗直冒！我們足足在飛機場等了六、七個小時，沒有一刻不在提著心、吊著膽。

十月、十一月在台灣還有秋天的感覺，可是越南全年盛夏，十一月的太陽曬得人不覺得熱，而是覺得痛。剛去時，我很奇怪可口可樂為什麼比台灣和美國的大兩倍，後來就不以為怪了；在越南如果不灌兩倍以上的水，一定會被曬乾至脫水。不過，說也奇怪，人一到樹蔭下，馬上又不覺熱了。

離開越南以後，越南行的故事卻還未結束，接下來的麻煩更大，更令人不可思議。

駐越南大使館有位當地僱請的華僑小姐，聽說我要回台灣，託我帶一盒巧克力糖，她說：「我有位妹妹，在東海大學念書，可不可以請你將這盒巧克力糖交給她？」我本來就樂於幫助別人，當然一口答應，沒有多想。

回程，我和攝影師曹安良從西貢飛往泰國，過兩個晚上。曾任新聞局副局長的葉天行當時人在泰國新聞處，還充當導遊，帶我們遊覽名勝、吃泰國料理。回台灣途經香港，又有一位新聞局的同事託我帶一箱中影公司的電影明星要用的彩粧品。

結果，我幫別人帶的彩粧品、巧克力、肉桂、咖啡這些物品全出狀況。

我一回到台北，海關警察馬上出動，新聞局的總務人員和安全室職員全在出入關卡攔住我。他們二話不說，就叫我打開箱子，他們從中帶走彩粧品，檢查結果如何，沒有下文。

巧克力我是帶回來了，馬上交給部下，依地址寄去東海大學。副局長邱楠忽然找我去問話，怒氣沖沖說：「你是不是有一盒巧克力糖？馬上給我調回來！」我趕緊以新聞局名義，打電話到郵政總局，請東海大學郵局，把「寄錯」的包裹寄回新聞局。好不容易追回巧克力糖。原來有人密告我帶嗎啡進來。檢查結果，巧克力糖就只是甜甜、好吃的巧克力糖，和嗎啡一點關係也沒有。

最後給我惹的麻煩還有肉桂和咖啡。我知道空軍專機經常飛東南亞，所以去找軍事顧問團，把一些不必要、不急的行李託給顧問團，請他們在有專機飛回台灣時幫忙帶回來，以節省運費。這中間包括攝影器材、穿過未洗的髒衣服和越南華僑贈送的肉桂及咖啡。

在新聞局，視聽室的祕書李小姐是空軍眷屬，先生原是空軍第一聯隊隊長，當時適值因公飛去越南，我就是託他把東西隨飛機帶回來以節省運費。結果，有人檢舉我帶匪貨進來，新聞局就派人去機場檢查李小姐先生的行李。肉桂與所謂的「匪貨」差得一萬八千里。李小姐夫婦為此火冒三丈，因為我們兩人被懷疑勾結、走私，這種莫須有的指控與懷疑，真教人難受。

22 柳暗花明改派紐約

中國官場最惡質的還在後頭。雖然別人檢舉我的幾件東西都證實不是非法物品，但是，新聞局的人事室主任和安全室主任有一天一起請我吃飯，示意我應該辭職，否則也要開除我。以前沒什麼公務員人權或申訴的觀念，既然人事室都跟我這麼講，我只好自謀出路，準備辭職。

很快，我就找到美國銀行（Bank of America）的工作，面試也通過，薪水也談好，是新聞局現職的好幾倍。在求職過程中，因為我祖父曾是華南銀行的常務董事，美國銀行的台籍高級職員都是我祖父的舊識。這些台籍主管依美國銀行規定，每一位都參與面試，結果一談起來，長輩們都有關係，所以，整個求職過程非常順利。

這時，恰巧碰上紐約新聞處處長陸以正返國述職，陸以正是我在新聞局遇到的第一個上司。我未去越南前，曾經不僅報紙，連台視新聞都已打出消息，說是由陸以正接替沈劍虹出任新聞局長。但傳聞時任國防部長的蔣經國對陸以正不放心，覺得他屬蔣宋美齡的「夫人派」，於是藉口人事新聞早漏，把打好字的人事令抽回，另派沈劍虹的大舅子魏景蒙。

請紐約新聞處長陸以正夫婦（右二、三）到家中做客。

陸以正這邊早已把紐約住處的家具賣掉，等待回國，中途生變之後，他再回台北時，被歸為士林官邸派的外交部長沈昌煥去機場接他，並傳話安慰陸以正說，老總統認為紐約新聞處很重要，希望他繼續待在紐約。

陸以正畢業自上海的聖約翰大學，中英文都非常好。韓戰期間，美軍需要中國翻譯官幫忙，陸以正曾擔任過翻譯官，負責審訊被俘虜的中國人，獲得寶貴情報，陸以正因此拿過美國最高榮譽的自由勳章，而和美軍及中情局（CIA）關係良好。

我和陸以正頗有長官部屬間的緣分。記得他頭一次出國去紐約，到了松山機場，才發現護照沒帶，他忘在家裡洗手間，我馬上跳上車，回家幫他拿來。我們關係比普通的長官部屬關係更深厚一些，所以我要離職，禮貌上理應向他報告一聲。見到陸以正，他安慰我說，「真金不怕火」，並表示會再跟魏局長講一講。我謝謝他的好意，並表明不麻煩他。接著，他突如其來說了一句：「不然，你到紐約來好了。」就這樣，人生轉折發生在毫無預兆的瞬間；一

九六七年年底，我飛到紐約，開始另一階段的公務生涯。

我的新職是紐約新聞處新聞專員，好久以後有一天，太太突然問我，這個新聞專員做什麼，老實說，我也答不出來。是什麼職等職級，我也弄不清楚。我太太在一次聊天場合就問陸以正：「有沒有Organization chart？」他隨手拿起筆，就畫紐約新聞處的組織圖；第一層一個人，就是處長，另外二十幾個人統統在第二層，統統直屬於處長。職員的工作內容並不特定，一切由陸以正彈性指揮與調派，像我主辦影像和電視宣傳，但因為我是處長以外唯一有私人房車的人，也做庶務，例如每週去一次機場拿外交郵袋。職務內容既然不那麼清楚，基本上就是等待上面來的指示命令，有心工作的，就要自己發掘工作。

23 美國名主播告知台美將斷交

我在紐約新聞處共十三年，一九六七到一九八〇年為止。退出聯合國、中美斷交、刺蔣案等重大事件，都發生在這段時間，我或者在現場目睹，或者在其中扮演了些許角色。最值得記述的莫過於我獲得中美即將斷交的訊息，傳回外交部，使台北能夠早八個小時知道，提早應變。

消息由CBS（哥倫比亞廣播公司）的主播Walter Cronkite透露給我。故事始末應該從認識Cronkite談起。

一九六七年底我抵達紐約，在新聞處下擔任專員，負責的事情非常龐雜，其中一項是把台灣傳寄來的新聞片，經過剪輯，配上英文旁白，再發給美國的新聞電視台。

台灣常常寄來一些莫名奇妙的新聞片，例如「合歡山下雪」。美國年年下雪，雪景不足為奇。可是片子既然寄來，死馬且要當活馬醫，我就寫一張條子，隨片附給電視台新聞部的人，我說，在紐約即便滑雪也不稀奇，但是台灣是一個有北迴歸線通過的亞熱帶地區，下雪是件很稀奇的事。結果，紐約的電視台播報了。

就這樣，一個接著一個電台接觸，我逐漸認識了一些記者和主播，他們也慢慢知道中華民國新聞處有一個新來的傢伙。遇到關於台灣的事，他們會打電話來問我。他們有什麼酒會，我也會去參加。

有一天，一位小姐打電話來說：「我是Cronkite的祕書，他想吃中國菜，是否請你介紹一個餐館？」我心想，真是求之不得的好機會，我馬上告訴她我來代為安排。紐約的中國大廚都是自營商，所以我立刻到處打聽誰是紐約最好的中菜廚子。找好師傅，菜單擬好，就正式請Cronkite夫婦吃飯，我們就認識了。

Cronkite最早是UPI（合眾國際社）的記者，二次世界大戰時，去過義大利前線。到了CBS擔任主播以後，遇上越戰，他親自去越南，史無前例把主播台拉到戰場，美國其他電視新聞台紛紛效尤跟進。CBS接著又大幅報導越戰，硬把詹森總統拉下馬。Cronkite不僅知名度節節升高，也曾有民意調查，是全美公認最可以信賴的人，也是最受歡迎的美國總統人選。有人鼓吹他出來競選總統，他的同僚說了一句名言：「Cronkite已經這麼有權力，他何必去競選總統！」其實，Cronkite不會想幹美國總統，他只願意當記者，記者工作在他心目中具有無限崇高的價值，他可以說是美國記者的典範。

我們經常聊天，聊得很投機，成為好朋友。雷根就職總統，Cronkite問我：「共和黨當政，你們應該比較舒服一點？」我的答法教他很意外，我說：「我個人覺得，共和黨雖然反共，但民主黨反而有原則，萬一有什麼事發生，民主黨還會考慮人權，來救台灣。」

我從旁觀察Cronkite，這個人沒有名人架子，衣著隨便。他來赴約時，手上總是拿著報紙，他利用在計程車裡的時間看報紙。Cronkite每年有一個月的時間，他要駕駛私人遊艇去外海，船艇上沒有無線電，沒有人找得到他。曾經有個笑話，有一天，又是他在海上的日子，但被美國海岸巡查隊找到，海巡隊傳話說：「總統有事找你。」Cronkite就趕緊上岸回華盛頓特區，結果當時的福特總統只是要問他：「我要請你吃飯，什麼時間好？」Cronkite氣個半死，直罵做官就是這樣。

Cronkite變成名人以後，媒體訪問他的人不斷，訪問文章常常令他覺得文不對嘴，他曾告訴我：「我也訪問過那麼多人，大概也曾經誤解不少人的意思。」這種跳開自己，用別人的立場和觀點檢討自己缺失的能力，是名流要人最缺乏的，Cronkite自我反省的能力很強，他受尊敬不是沒有道理。

不過，我覺得他有一個弱點。若你想要邀請他演講，只要指名與「新聞自由」有關的題目，必定無往不利。他再沒空，也一定擠出時間出席，他非常樂於到處宣揚新聞自由的理念。

有一年，台灣的平劇劇團到紐約公演，我請他來欣賞，震驚僑界。我每逢舊曆新年，固定作東舉辦餐會，邀請美國有名的電視主播、總編輯來，剛開始也都沒有

名主播Walter Cronkite簽名贈送和張超英及次女得瑜、長子致瑜的合照。

人相信我請得動他們。

慢慢大家知道我和Cronkite有交情。有一年，彭長貴在紐約開「彭園」餐廳，通過前外交部長沈昌煥的弟弟沈昌瑞（時在聯合國總部任職）的安排，我帶了Cronkite去吃飯，好做招牌。彭長貴特別辦了一桌豐盛佳餚給我們品嚐。

彭園餐廳老闆彭長貴曾向人吹牛，說他替蔣介石做過菜。陸以正把他叫去說了一頓。陸以正說，總統是吃飯很簡單的人，這麼說，人家會誤解，以為蔣總統天天吃大菜。

回到Cronkite透露中美斷交消息給我的主題。一九七九年元月一日，中美正式斷交。美國總統卡特是在台北時間一九七八年十二月十六日上午宣布。當美國大使在十六日清晨六、七點鐘，到大直官邸向蔣經國總統說明時，台北已經早在七、八個小時前就知道了。

台北十五日半夜，紐約是中午，Cronkite打電話來，叫著我的英文名字C. Y.說：「Something's cooking.」又說白宮此刻好像面臨「heavy traffic」，非常忙碌。

我們平時聊天很多，我了解他意指中美要斷交。為求慎重，我把電話轉給陸以正處長，請Cronkite再和他說一遍。陸以正馬上打電話回台北，找外交部次長錢復，讓台北立即磋商應採取那些應變措施。過了幾年，錢復見到我，就說：「超英，你這個電話不知道對我們幫助多大！這七、八個小時非常寶貴。」

24 紐約大街上有我專用車位

錢復一九七二年到一九七五年擔任新聞局長期間，曾來美國。當時CBS電視台收視率最高，錢復當然會去拜訪。CBS當時的新聞總監Bob Little一看見錢復，第一句是：「How are you?」第二句馬上停止寒暄，單刀直入問說：「蔣介石總統的弔文準備好了沒？」錢復誠實回答：「沒有。」也跟Bob Little解釋，中國人的文化傳統非常忌諱在長輩生前就準備後事。

離開CBS後，錢復說，Bob Little真銳利，關於總統弔文的問題襲來，他覺得好像頭被棍子打了一棒。

那時，CBS跟國民黨政府似乎不怎對盤。CBS知名的節目《六十分鐘》曾派五、六個人一組來台灣，進士林官邸訪問蔣介石，拍他在花園邊走邊談的畫面。CBS主要的訪問人是一對男女，男的叫Morley Safer，是個英國人，他來台灣訪蔣之前，曾經冒充觀光客進入對岸的共產世界，攜帶簡單的攝影機，拍攝了外界仍感神祕的中國。他在訪問蔣介石的片子裡，就把兩岸比較了一下，說兩邊很像，那邊有政治局，這邊有中常會云云，讓台灣這邊有點惱火。從此以後，直到一九七五年

圖為張超英的車牌。紐約每年更發黃底深藍字的NYP專用車牌，此牌為一九七九年七月有效。

四月去世為止，蔣介石再也沒有接受任何採訪。

我跟Bob Little倒是很好的朋友。此人很特別，對東方不陌生，讓我看過他祖父與中華民國「國父」孫文的合照，他也曾到日本當過記者，初戀還發生在日本，對日本有特殊情感。我在一個酒會初見Bob Little，跟他聊起日本，非常投契，從此結成好朋友。

有一天，Bob Little一聽說我為找不到停車位苦惱，馬上展現美國人那種天生喜歡幫助別人的性格，介紹美國新聞總署駐紐約特派員Jack Gain給我。Jack Gain也很熱心，教我寫信給紐約警察局，申請記者證，有了記者證，再跟交通局寫信，即可以拿到記者停車牌，成為NYP（New York Press）的一員。紐約在許多街口，都設有NYP專用的停車位。有了NYP的記者停車牌，果然暢快很多，解決停車之苦。

不久，我又認識了一位交通局的主管官員，東聊西聊，他頗有美國人好人做到底的味道，自己就說，乾脆在你們駐紐約新聞處門口畫一個NYP專用的停車位給你。這位官員果非戲言，沒幾天，三層樓高的新聞處正門前，真的豎起一支鐵桿子，上頭牌子寫著「NYP PARKING ONLY」，從此以後，我就在車水馬龍的紐約街頭，擁有個人專屬的停車位，不用再付停車費，也不必車停得大老遠，再氣喘吁吁走到辦公室了。

25 目睹蔣經國遇刺

退出聯合國前，一九六九年六月，台灣的政治局勢已有一個明確的發展；蔣介石任命他的兒子蔣經國接任行政院副院長，國內外均解讀為蔣經國權力接班的態勢已然底定。一九七〇年四月，蔣經國於焉有訪美之行，累積必要的政治聲望，突顯他與美國領袖有私人關係。

不過，蔣經國此行的外交成就並不明顯，台灣和美國的關係其實出現紅燈，美國對中國大陸的態度已經有所轉變，他能改變的有限。最讓人留下記憶的反而是他在紐約遇刺。

蔣經國結束華府訪問，轉往紐約。四月二十四日中午，蔣經國將在紐約廣場飯店（Plaza Hotel）向美國遠東工商協會發表演講。當時我因職務關係也在現場。飯店前是一個廣場，警察排成一條防衛線，把台獨人士的抗議隊伍隔離在外邊。飯店的中間進門是一扇旋轉門，兩旁則有兩大片玻璃門，我站在左邊玻璃門裡面，穿過玻璃，清清楚楚看見門外的動靜。

十二點三十分，我看見蔣經國從飯店右側對街走過來，他正準備拾階而上進飯店前，一個身穿乳白色雨衣的男人，手披著新聞報紙，急急沿飯店右側廊下，對著蔣經國走過來，突然迅速從報紙裡掏出手槍。美國警察很機警，一擁而上，把持槍者的手抓住，並往空中拉。迅雷不及掩耳的瞬間，轟的一聲，槍已打出一枚子彈，子彈正打穿右邊的玻璃門，留下一個洞。我站在左邊玻璃門，若站另一邊，子彈又不長眼，後果不堪設想。但是事出突然，當時根本來不及意會與慶幸。

當時候的蔣經國，神色嚴肅，沒有害怕的表情，第一個走進飯店，後面跟著駐美大使周書楷，紐約新聞處處長陸以正又緊跟在周書楷之後，其他官員則已四散，一時不見人影。

當天演講照常進行，我們也馬上打電報回台北，說明經國先生無恙。會後召開記者會，外國記者問蔣經國當時有什麼反應？講了什麼？陸以正答說：「他說，『Any body got hurt?』（有人受傷嗎？）」這句話成為隔天報紙的頭條，陸以正就是這麼聰明。蔣經國是否真有這麼說，只有天知道了。

26 尼克森朝我走來跟我握手

蔣經國訪美後半年，一九七〇年十月，換副總統嚴家淦到美訪問。他到白宮見尼克森總統，發生了一件有趣的插曲。

當時台灣雖有電視台，但還沒有充裕的資金與技術，所以未派遣採訪團到美國。中視以委託NBC（美國全國廣播公司）做衛星新聞片來因應。NBC有些惶恐，為求謹慎，希望找一位懂中文的人跟記者去白宮採訪、拍攝畫面。NBC找到我這裡來。

一到白宮總統辦公室，坐者有嚴家淦副總統、尼克森和國務卿季辛吉。旁邊圍著一堆記者，但沒有半個台灣去的。

這時，尼克森的助理靠近尼克森的耳旁，說了什麼話我不知道。但只見尼克森往我望了一望，然後站起來，似乎朝我這邊走來。我原來只是充當NBC特約副手，所以站在記者群背後。尼克森真的朝我直直走過來，有點兒像摩西帶領群眾穿過紅海，海自動裂成兩半，記者們自動讓出一條路。尼克森停下腳步時，正站在我面前，伸出手，主動要和我握手，並對我說了一句：「It's my pleasure to meet a friend from China.」寒暄完又回座。當時我措手不及，也忘了回應什麼，只覺得全身一陣熱血奔流。

回到辦公室，我一直覺得奇怪，我向四月上旬才就任駐美大使的沈劍虹報告這個狀況。我提出疑問，尼克森為什麼一反常態，不說「Free China」，只說「China」？沈劍虹當時回我：「沒問題，我們關係非常好。」

相隔半年多，一九七一年夏天，我正在芝加哥度假，車上聽到廣播，知道七月九日美國總統國家安全顧問季辛吉已經祕密訪問過中國大陸。我倒回去想想，其實副總統嚴家淦訪美時，季辛吉已開始透過巴基斯坦安排前往大陸。

一九七一年夏天以後，台灣緊接著遭遇一連串外交失利。七月十五日，尼克森宣布隔年五月以前訪問大陸。十月二十五日聯合國表決通過阿爾巴尼亞所提排除中華民國，以中國大陸取代席位的議案。

退出聯合國當天，我和內人千鶴連夜開車到位於曼哈頓的聯合國總部，觀看了整個過程。當以色列也投贊成票時，全場噓聲四起，罵猶太人現實，竟贊成中共入會。但這也顯示國際政治本來就很現實。美國沒有投贊成票，日本代表團團員多人痛罵，當場表現得頗有情義。

陸以正也在聯合國現場，他的公事包裡帶著兩份文稿，退出聯合國和保住聯合國席位的新聞稿各一份。最後七十六票對三十五票，通過阿爾巴尼亞等二十三國提案，准許中華人民共和國入會，台灣的中華民國同時宣布退出聯合國。

千鶴與我坐在記者席上，聽到投票結果，先是愣了一下，一時無言。旁坐的外國記者向我們看了一下，伸出手來握手示意，不知道是安慰或惋惜。等曲終人散，齊步走出聯合國時，千鶴問我：「從今天起，世界公認中華人民共和國才是真正的中國，台灣被排除在外，那就是等於台灣獨立於中國之外了。我們應該高興才是呀!?」千鶴很自然的伸出手來，握住我的手，我們相對會心一笑。

27 買回安東尼奧尼的「中國」

一九七四年二月，據說台灣的街道異常冷清，大家都躲在屋子裡等著看安東尼奧尼（Michelangelo Antonioni）的紀錄片《中國》。這是國民黨政府敗退來台二十四年，與中國大陸隔絕二十四年後，台灣人第一次可以一窺中國的面貌。

其實，對中國以外的民主世界來說，也是第一次。中國把自己關起門來大搞共產主義，拒絕跟外頭溝通往來，西方稱蘇聯為「鐵幕」，中國就被稱為「竹幕」。竹幕之內，到底是什麼模樣，全世界都在拼湊，然而多是神祕的想像。

終於，一九七二年，中共總理周恩來批准義大利國寶級名導演安東尼奧尼進中國拍攝紀錄影片。安東尼奧尼是位具有人文關懷的新寫實主義者，常把鏡頭對準基層百姓。中國打如意算盤，以為安東尼奧尼是友共導演，就邀請他進去。安東尼奧尼會獲青睞，一方面也因為他不是美國人。結果，他到北京、河南、南京、蘇州、上海，拍了二十幾天，剪出四小時的帶子《Antonioni's China》，一九七三年要在義大利公映時，中國卻全力阻止。中國弄巧成拙，顯而易見。不僅沒能成功阻止義大利，很快ＡＢＣ（美國廣播公司）也播了。

我一看片子，判斷若台灣人看了《中國》，會增加很大的信心，對民主會有更大的渴求，就去ABC找熟人，獲得了《中國》的兩吋錄影拷貝帶。這種錄影帶在當時很稀奇，台灣僅只三家無線電視台有播放那種錄影帶的機器。總之，我把帶子寄回台灣。內政部、國防部、新聞局、警備總部、僑委會等等跟思想有關的單位一起開會討論到底要不要在台灣播放，結論並不令人意外，不要播放。

那個年代，蔣介石還活著，整個社會神經兮兮的在反共，全力圍堵任何有關中共的圖案或聲音，一朵八瓣的太陽花貼紙，都會被疑神疑鬼，認定恰巧圍成「共」字，是中共統戰的陰謀滲透。任何報章雜誌有紅星圖案，一律塗毀。而且，公務員都習慣看上面臉色和意思辦事，絕大多數不敢提出改變現況的建議，以免記功不成，反被降罪。所以，當我在紐約收到該會議結論的公函時，並沒有太多失望。不過三天，情況卻大逆轉；在台北的新聞局長錢復卻打來緊急電報，指示去買《中國》紀錄片，而且，不計任何價格。

如此戲劇性的轉折，據我事後了解，先是錢復把帶子呈給行政院長蔣經國，蔣經國看後，問紐約新聞處的建議是什麼，知道我們這邊判斷不需擔憂人心波動，讓台灣人民看見所謂的共產主義革命是那種搞法，反而更有自信。蔣經國就同意照紐約新聞處的建議。接到指令，馬上我去找安東尼奧尼的女婿，跟他商買《中國》，最後以五萬美元成交。

張超英列名一九七三年美國導演協會年會邀請名單。該年會由《欲望街車》名導演Elia Kazan擔任主席。

安東尼奧尼的女婿跟我在一九七三年三月的導演協會聚會上認識。美國導演協會（DCA）是全球聞名的團體，有自己的戲院在紐約五十七街。有一天，該會主席的祕書打電話來，說是五十週年紀念會，要擴大舉辦，將邀請世界各地電影界的代表性人物參加，並推出最知名的《欲望街車》（*A Streetcar Named Desire*）導演Elia Kazan擔任主席，希望我也參加。這種參與國際組織活動的機會，我絕不會放過的。會場上，我和太太就坐在安東尼奧尼女婿的隔壁而交好，因此買片的事一談即成。

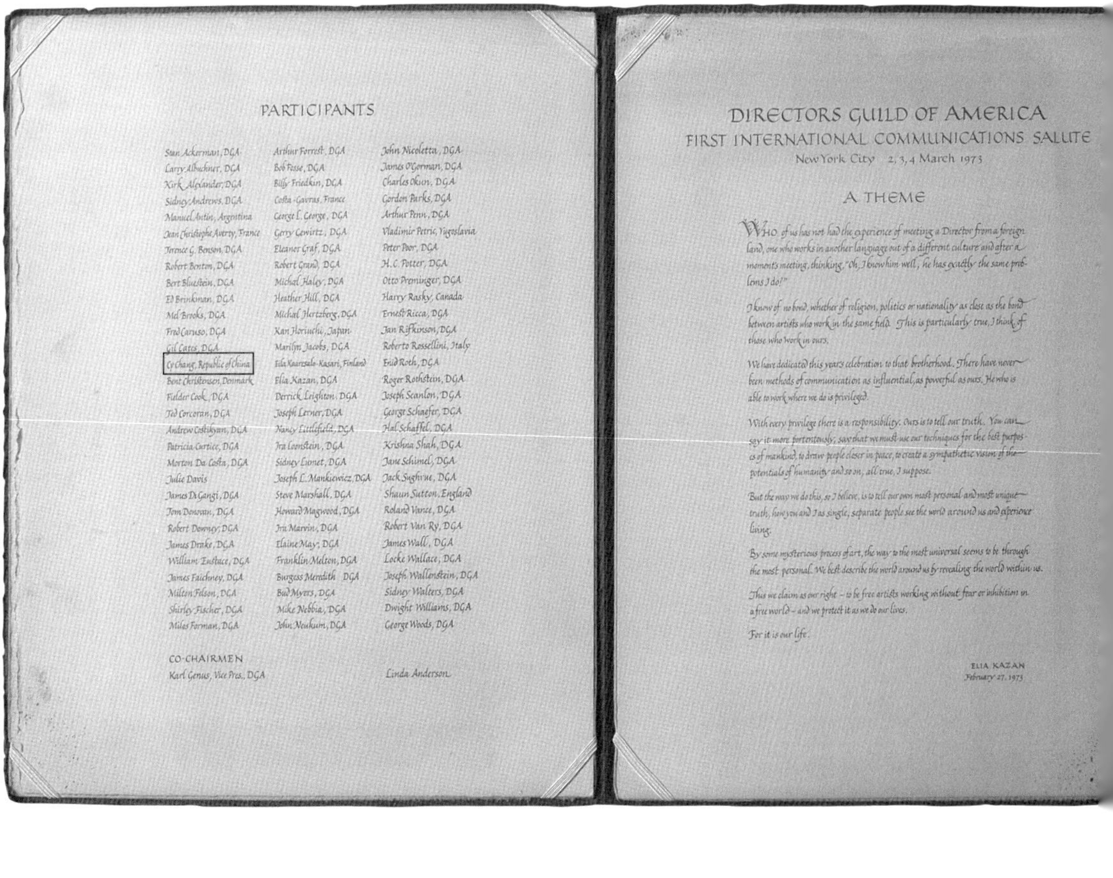

PARTICIPANTS

Stan Ackerman, DGA	Arthur Forrest, DGA	John Nicoletta, DGA
Larry Albuchner, DGA	Bob Fosse, DGA	James O'Gorman, DGA
Kirk Alexander, DGA	Billy Friedkin, DGA	Charles Okun, DGA
Sidney Andrews, DGA	Costa-Gavras, France	Gordon Parks, DGA
Manuel Antin, Argentina	George L. George, DGA	Arthur Penn, DGA
Jean Christophe Averty, France	Gerry Cewirtz, DGA	Vladimir Petric, Yugoslavia
Terence G. Benson, DGA	Eleanor Graf, DGA	Peter Poor, DGA
Robert Benton, DGA	Robert Grand, DGA	H.C. Potter, DGA
Bert Bluestein, DGA	Michal Haley, DGA	Otto Preminger, DGA
Ed Brinkman, DGA	Heather Hill, DGA	Harry Rasky, Canada
Mel Brooks, DGA	Michal Hertzberg, DGA	Ernest Ricca, DGA
Fred Caruso, DGA	Kan Horiuchi, Japan	Jan Rifkinson, DGA
Gil Cates, DGA	Marilyn Jacobs, DGA	Roberto Rossellini, Italy
Cy Chang, Republic of China	Eila Kaarrsalo-Kasari, Finland	Enid Roth, DGA
Bent Christensen, Denmark	Elia Kazan, DGA	Roger Rothstein, DGA
Fielder Cook, DGA	Derrick Leighton, DGA	Joseph Scanlon, DGA
Ted Corcoran, DGA	Joseph Lerner, DGA	George Schaefer, DGA
Andrew Costikyan, DGA	Nancy Littlefield, DGA	Hal Schaffel, DGA
Patricia Curtice, DGA	Ira Loonstein, DGA	Krishna Shah, DGA
Morton Da Costa, DGA	Sidney Lumet, DGA	Jane Schimel, DGA
Julie Davis	Joseph L. Mankiewicz, DGA	Jack Sughrue, DGA
James Di Gangi, DGA	Steve Marshall, DGA	Shaun Sutton, England
Tom Donovan, DGA	Howard Magwood, DGA	Roland Vance, DGA
Robert Downey, DGA	Ira Marvin, DGA	Robert Van Ry, DGA
James Drake, DGA	Elaine May, DGA	James Wall, DGA
William Eustace, DGA	Franklin Melton, DGA	Locke Wallace, DGA
James Faichney, DGA	Burgess Meredith DGA	Joseph Wallenstein, DGA
Milton Felson, DGA	Bud Myers, DGA	Sidney Walters, DGA
Shirley Fischer, DGA	Mike Nebbia, DGA	Dwight Williams, DGA
Miles Forman, DGA	John Neukum, DGA	George Woods, DGA

CO-CHAIRMEN

Karl Genus, Vice Pres., DGA — Linda Anderson

DIRECTORS GUILD OF AMERICA

FIRST INTERNATIONAL COMMUNICATIONS SALUTE

New York City 2, 3, 4 March 1973

A THEME

Who of us has not had the experience of meeting a Director from a foreign land, one who works in another language out of a different culture and after a moment's meeting, thinking, "Oh, I know him well, he has exactly the same problems I do!"

I know of no bond, whether of religion, politics or nationality as close as the bond between artists who work in the same field. This is particularly true, I think, of those who work in ours.

We have dedicated this year's celebration to that brotherhood. There have never been methods of communication as influential, as powerful as ours. He who is able to work where we do is privileged.

With every privilege there is a responsibility. Ours is to tell our truth. You can say it more portentously, say that we must use our techniques for the best purposes of mankind, to draw people closer in peace, to create a sympathetic vision of the potentials of humanity and so on, all true, I suppose.

But the way we do this, so I believe, is to tell our own most personal and most unique truth, how you and I as single, separate people see the world around us and experience living.

By some mysterious process of art, the way to the most universal seems to be through the most personal. We best describe the world around us by revealing the world within us.

This we claim as our right – to be free artists working without fear or inhibition in a free world – and we protect it as we do our lives.

For it is our life.

ELIA KAZAN
February 27, 1973

◆買回安東尼奧尼的「中國」

28 新聞處開灌水證明好租房子

在美國身歷重大事件，看似豐富，但是我們到紐約初期的家居生活，卻比在台灣艱苦。

一九六七到紐約那一年，我三十四歲，祖父已年過八十，幾乎不管事了，父親對政治環境灰心喪氣，深鎖自己，全家財務大權統統握在繼母手裡。她是日本人，有個中文名字張梨華，在台北貴婦社交圈裡相當活躍，大家都叫她「Madame」（夫人）。

繼母做了許多生意。她曾把我們中山北路的舊家掛上招牌，經營觀光旅館「綠園」。綠園其實滿有特色，客人清一色是西洋人。旅館之外，她也經營餐廳，台北、香港和日本都有。戰後一、二十年間，她就是不斷做各種生意，不斷賣掉家裡的土地房屋，家產就逐漸稀薄了。

從小祖母就教我「不要跟別人計較」，所以，我從來不去跟繼母和她生的子女爭奪什麼或主張什麼應得利益。祖父早期把台北的不動產都放在我的名下，繼母若要我簽字，我都點頭照辦。

一九六七年底，我就只是賣掉中山北路的一棟房子，把錢換到美國，其他別無所帶。年輕時比較不會打算，帶去的錢就只買了一部汽車，繳租房子的保證金，再買家具，所剩已經不多，接下來日常生活都要靠自己。我的月薪三百五十元美金，付掉房租兩百三十元，每個月只剩餘一百多元供一家五口之用。

租房子是件非常麻煩的事。美國法律規定，男孩女孩不管幾歲，不能共用一個房間。我有兩個女孩，一個男孩，一定要佔去三個房間。只有兩個臥房的房東絕不會租給我，三個臥房的房子我卻又租不起。

而且，房東還會看房客薪水多少，確認房客的租金支付能力。如果房租兩百三十元，薪水必須是三倍，才堪應付。房東第一次問我薪水多少時，我太太還天真老實回答：「一個月三百五十元。」房東一臉同情，教我太太應該去申請「Welfare」（救濟金），我太太還搞不懂Welfare是什麼東西。換言之，像新聞處一般同仁的待遇水準，已接近美國人貧民的所得。因此，紐約新聞處有項不成文的做法，出具假證明，把每個人的薪資多灌三倍，讓大家租得起像樣的房子。

當時美金和台幣的匯率是一比六十，我的薪水換算下來，是台幣兩萬一千元，比待在國內新聞局的月薪八百元強二十幾倍，從這種數字換算看起來，派到美國簡直是大肥缺。實際上，美國生活水準高，物價高，公務員生活還是非常困難。沒有一位同仁的太太不做事，連陸以正處長的夫人也得去上班。

我太太千鶴也不例外。我三個小孩當時分別是六歲、四歲、兩歲。為了夫婦能

張超英有家瑜、得瑜、致瑜三個子女，依美國法律規定，至少要租三個房間的屋子。

一九七四年張超英終於以二十五年分期付款方式買下自己在紐約的房子。

分工看護小孩，千鶴只能找晚上的工作。運氣尚可，她找到週薪九十五元的工作，在一家規模很大的清潔公司，負責管制清潔工頭每日工作範圍的行政工作。

唯一美中不足的是她的上班時間自下午四點到晚間十二點。四點上班，她最晚三點要離開家，老大、老二要到下午三點多才下課回家。我們別無他法，請了隔壁一位高中女生看顧三個小孩幾個鐘頭，並訓練三個孩子，乖乖坐在電視機前看電視，絕對不能亂動。千鶴總是把兩歲大的男孩訓練得很聽話；她離家去上班前，總把一杯牛奶放在他面前，告訴他：「姊姊回家以前你不能動，安靜看電視。」等過了半個鐘頭，大女兒回家，便幫忙照顧弟妹。我則六點多鐘回家再做飯。

小孩剛到美國沒多久，我還要教他們英文，看他們的學習狀況，然後洗澡、上床睡覺。深夜十一點半，我再開車去地下鐵車站，接內人回家。到家常常已是半夜十二點半、一點鐘。隔天早上，我們夫妻已無法早起，就教小孩自己做便當、做三明治。

我永遠記得，有一天晚上，六歲的大女兒問我：「爸爸，為什麼人家的媽媽都在家，我們的媽媽為什麼都不在家？」小孩年幼，還無法理解媽媽怎麼只有週六、週日才在家。聽到小孩純真的疑問，真教我心酸。

29 登報賣二手冷氣機

經濟狀況困窘，所以初期我們家裡的電視、冰箱，都用二手貨。我住公寓大樓的六樓，因是頂樓，太陽直曬屋頂，夏天室內非常悶熱。有一天，一位日本朋友來家裡吃飯，我太太在廚房弄得汗流浹背，那幕情景教我不忍，激起要買冷氣機的念頭。當然，冷氣機也只能買二手貨。

紐約有份很有趣的報紙叫《Buyline》，一天一份，二十五毛錢，是二手貨流通買賣的媒介，賣主可在上面登載他們想要賣出的東西。這份報紙上的二手貨應有盡有，如果想買冷氣機，就在冷氣機欄上挑選，然後打電話詢問，再約到現場看貨，決定購買與否。

我「按圖索驥」，找到賣家住址看貨。一看，不是一部好冷氣機，很是失望。老闆看我確有購買的意願，告訴我地下室還有好幾部可挑選。我這才發現賣主在地下室做冷氣機翻新的工廠。當時沒多想什麼，花一百元買了一部舊冷氣機回家。

那家翻新工廠刺激我想到一個賺錢的點子。我想起所住的社區裡，共有二十幾棟公寓，公寓新落成時，每戶都裝了冷氣，幾年後逐漸淘汰，此時全堆放在社區倉庫。有一天，我約了管理員四處轉一轉，看見堆積如山的舊冷氣機，幾百部棄置在牆邊。

我問管理員，這些廢棄的冷氣機要不要賣？他點頭說：「一部二十元。」我就去買一本自己動手修理冷氣機的書，研究一下需要什麼工具。工具買齊，花了兩百元左右。其實，舊冷氣機多半不是引擎壞，而是風扇壞了，一個新風扇才三十元，若修好再賣一百元，還賺五十元。有些舊冷氣機更是根本沒有損壞，拆開擦擦洗洗就可以回復正常使用。

這下換我反「客」為「主」，在《Buyline》登廣告，家裡堆了十幾部修好的冷氣機。那是一九七〇年夏天，剛好老朋友中國化學製藥公司董事長王致權來我家住，那天天氣特別熱，我家的電話響個不停，他很納悶，我卻不好意思說我到美國落得賣冷氣機，現在想來也真好笑。結果，單單那一天，十幾部冷氣機全賣出，一部不剩，賺了五、六百元，很高興，全家就到芝加哥度假。

回想起來，有點辛苦，卻是非常甜蜜的記憶。那次小孩和我分工，我把冷氣機拆開，三個小孩搬去浴室洗。小孩愛玩、愛熱鬧，特別愛玩水，就讓他們去洗，每部都洗得乾乾淨淨。洗好搬出來，由我檢查毛病所在，換零件，就大功告成了。

那次到芝加哥，沿途邊玩邊看，花了四天才到芝加哥，把我們共同辛苦賺來的錢花光光，才盡興回紐約。

一九六九年，美國經濟奇好無比。美國公寓每層樓有個垃圾門，門一拉開，垃圾扔下去，集中一起收走。對我來說，那裡簡直像是百寶箱，每次我們想要的東西，打開那個門，都不會空手而歸。小孩的玩具、熨斗、吸塵器、麵包機，甚至電視機都有。

美國太富裕，隨手扔掉東西，偶爾開車，都可以在馬路上撿到各種家具。有故障，無所謂，我這個人很有耐心去研究如何修理。

到最後，我好像什麼都有。很多從台灣來美國受訓的公務員、留學生沒有錢買家電和家具，我就撿來修一修，送給他們用，久而久之，事情就傳遍紐約台灣人的圈子。

台灣那時窮，銀行派到紐約受訓的人，銀行一個月只給一百八十元生活費，根本連吃飯都不夠。後來，口耳相傳，我家變成一個據點，招待過很多銀行職員。現在老銀行的國際部經理、總經理，來過紐約受訓的，一定不少人接受過我的「捐贈」。

在美國，張超英過著平常人家的生活。

30 選妻條件「一定要凶」

初到紐約，經濟上動輒捉襟見肘的狀況持續約有一年。我開始覺得不對，長此以往，永遠無法出頭天。那時在美國，圖書館學系很吃香，容易找工作，而且，美國社會進用人員還是有歧視性，圖書館比較單純。內人千鶴就決定去拿圖書館學碩士的學位。

目標確定以後，卻發現學費沒有著落。運氣不錯，在台北的好朋友張大德，那時在做電影片進口生意。他寫信來，請我幫他買片子，指名要威廉．荷頓（William Holden）主演的《父子淚》（*The Christmas Tree*）。我找到那家電影公司，並沒有特殊困難，很容易就談好買賣，不久，張大德就來信說片子收到了。原以為朋友義務代勞而已，沒想到張大德卻寄來三千美金支票，說是買片的例行佣金。於是，千鶴的學費就有著落了。

千鶴以一年時間念完圖書館系，很順利由教授推薦進入紐約州立大學在紐約市新設的分校任職。千鶴第一次領了八百多元的薪水，是我的兩倍多，全家都很高興，一起上餐廳慶祝。

千鶴出身富裕的世家，她能跟我一起度過初到陌生地的困窘，並且常保樂觀開朗和理性，熱愛工作，我一輩子感念在心。

我與千鶴於一九五九年認識，當時我二十八歲，正在新聞局聯絡室任職。國際局勢一直對台灣的國民政府不利，邦交國陸續斷交。但與無邦交國的交流仍希望維繫不斷，這項工作就交給新聞局做。已斷交國家的人士來台灣，均由新聞局出面接待。而已斷交的國家，官員是不可能來台灣了，會來的人士主要有國會議員、學者和記者三類。我的工作就是陪同招待這些外賓。他們去參訪的地方除了台北，偶爾也住宿台中的鐵路飯店，白天就去中部的日月潭、霧峰的故宮展示室、霧峰省政府和議會、東海大學等著名景點遊訪。

媽媽的大妹翠釵，我稱呼她「六姨」，住在台中。一次我陪外賓去台中，順道去看她。六姨問我有沒有女朋友，我有點不知從何答起。女性的朋友，我有一些，但是，我從小由祖父母帶大，沒有現代人所稱「核心家庭」的概念與經驗，我沒有參考的對象，讓我了解理想的太太該屬什麼模樣。所以，我不知道該怎麼選擇未來的太太。

當翠釵姨媽問我：「你有什麼條件？」我突然有個念頭，自己從小受祖父母寵愛，假如再沒人管，不知道會飛到哪裡去，所以就回答姨媽，「我的太太一定要兇」。另外，「要談得來，大學畢業。」千鶴就這樣被介紹給我。

千鶴畢業於東海大學第一屆外文系。她要考大學那一年，東海大學還沒有開始招生。整個台灣的高等教育學府就只有所謂的「五院校」，亦即台灣大學、政治大學、師範大學、台南工學院和台中農學院。千鶴從台中女中畢業，和最好的同學陳己香一起考上師大英語系，系主任是鼎鼎大名的梁實秋教授。陳己香是一級上將、前國民政府農林部部長陳濟棠的孫女，家教嚴謹。

大一那一年，千鶴念不到幾天師大英語系，十一月東海大學開學，家人希望她就近求學，於是再和陳己香一起回台中，讀了東海大學第一屆。

翠釵六姨的公公盧安和千鶴的祖父顏會是結拜兄弟，經常一起買土地、房屋等不動產。盧安曾到日本收購俄國軍衣，回賣台灣。顏會在日治時代則有店號「顏文會」，非常有名；就好像說起台灣第一豪族板橋林家，一般稱之「林本源」，顏家也以「顏文會」名滿台中市。顏文會位於台中市中心的寶町，是台中市政府的「御用達」，承攬台中市政府的採購業務。凡是市府所需大大小小東西，包括

米、郵票、監獄需要的用品等等，都由顏文會張羅。戰爭期間，顏文會改以承包政府的公共工程為主。戰後台中市商會由姨丈盧慶雲和千鶴的大伯父顏春福輪流擔任會長，兩家通好，六姨介紹千鶴給我是很自然的事。

不過，我正全力投入工作，人又在台北，對交友並不積極。忽而半年過去，姨媽問我怎麼不去找千鶴，此時剛好有一個好理由開口去約千鶴。日本一位舊華族（二戰前的貴族）公爵的兒子，叫松方峰雄，正擔任日本航空公司台北支店貨運部經理，我奉命陪他去台中拍廣告照片。廣告裡需要幾位台灣小姐充當模特兒，我就請千鶴義助。她很乾脆，一口答應，當天並盛裝出席。從那天以後，我就順勢開始和千鶴約會。

我常約她去咖啡廳聊天，也會去海邊游泳，或去台中公園散步。後來，我天天南下找她。火車不好買，偶爾也忍不住動用特權，說是外賓訂票，如此順利去台中。我記得很清楚，我搭「觀光號」，三小時可到台中。每天下午坐五點半的車到台中，往往逗留到晚上十一點離開。離開台中時，山線末班車早已開走，我就先轉去彰化，再從彰化搭海線夜車回台北迎接隔天的晨曦。清晨到台北，也不回家了，就直接到新聞局，到洗手間刮鬍子，才進辦公室上班。

海線火車沒有劃位，經常沒有座位，我常常得站一整路。站久腳痠，我就兩腳輪流休息，留一隻腳撐著。我便跟千鶴抱怨，都是她名字有「鶴」字，我才需要忍

一九六〇年夏天，英國議員來台訪問，由張超英接待，邀請顏千鶴陪同。照片攝於台中火車站前。

受單腳獨立之苦。

這些苦肉計好像還是無法讓千鶴立刻點頭嫁給我。論及婚嫁時，發現有些意外的困難。千鶴生在大家族，堂兄弟姊妹親如同胞手足，大家都住一起。在她之前，還有三位堂姊待字閨中，她不能擠到前頭結婚。

所幸，幾個具有關鍵地位的親人都站在我這邊。像我的七姨和千鶴的媽媽是同學，七姨看我每天追千鶴追到台中，就跟岳母叫苦：「我們是獨生子，你們要累死我們啊!?」以前的人都很客氣，唯恐讓別人為難，七姨這種話很有逼婚的效果。

另外，千鶴的「大姊」是她伯父的長女，只小千鶴父親九歲，留學日本，成為齒科醫生。我記得第一次去拜訪千鶴家時，她父親因政治問題不能返台，常年在香港，接待我們的不是千鶴的母親，卻是她的伯母和大姊。而這位大姊很喜歡我，覺得我的日文程度很好。

另一位「有力人士」是我的「阿不姑」，她是顏家的姻親，居間為我美言不少。她本名「張不」，念台大牙科時，住在

右圖：由繼母（張超英身旁著旗袍）陪同到台中顏家舉行訂婚式。

上圖：一九六一年與顏千鶴結婚，深深影響張超英人生的價值與方向。

我台北的家裡。我當時還小，她常帶我去買書。阿不姑後來嫁給周汝川醫生，周先生即台中著名的中山醫學院（按，即今中山醫學大學）創辦人。千鶴的一位姑丈是慶應大學畢業的名醫，和周汝川是好友，同在一條街上懸壺，雙方後來還結成親戚，周汝川的弟弟汝俊娶了千鶴的二姊，即伯母的次女。

千鶴和我的家族原本就有多重關係。除了阿不姑，還有千鶴的母親小學時是我母親的學生，彰化女中時則是我七姨的同學。千鶴本來已經準備到美國留學，結果一延再延。事後想來，她似乎註定就是要嫁給我的，我有那麼多關係網包圍住她。

一九六一年四月三十日我們完成終身大事，在台北結婚。

31 搭計程車密訪台獨人士

談到我的姨丈盧慶雲當台中商會理事長，他的女婿、現任駐日代表許世楷正是我跟台獨組織接觸的開始。

一九六三年我前往加拿大受訓的時候，途經日本，在東京停留了幾天，拜訪了幾位親戚。許世楷當時是日本台獨的一位代表人物，他的太太盧千惠是我的表妹。我的二姨甘翠釵嫁給盧慶雲，就是千惠的父母親。

我打電話給盧千惠，她問我：「敢不敢來？」我答說：「有什麼不敢！」但是那種恐怖統治的時代，一切事並非絕對勇敢。我去許世楷在東京郊外三鷹區的家，就不是毫無顧慮。計程車未到他家，我就先下車，再步行一段。一路上也常常回頭望，唯恐遭人跟蹤。

當天，許世楷特別帶了辜寬敏來。辜寬敏是前台灣水泥公司董事長辜振甫的同父異母弟弟，長期在日本從事台獨運動。我在日本念大學時，也和他一起玩過，這次見面算是舊識重逢。我們邊吃表妹煮的甜不辣邊聊天。

辜寬敏問我：「要不要參加台獨？」我說：「我是台灣人，台灣人應該做的我都會做，你不要講，我也會做。」我又說：「第一，我參加與否有什麼差別？第二，你有什麼辦法，確實把握可以保密？否則，我何必冒這個險？」他們都能諒解，並沒有勉強我，也沒有失望之意。其實，他們都了解，我去見他們，已冒了大險，如果被發現，回台灣，沒有第二句，一定送去火燒島當政治犯。

盧慶雲姨丈的另一個女兒盧千壽嫁給法學博士陳隆志，也是台獨人士。盧慶雲有兩個女婿搞台獨，加倍受到監控，不准出境。幸虧前副總統謝東閔是他台中一中同學，每次都請謝東閔又是保證又是疏通的，才可以出國。

那次過境東京，還見了我母親的堂兄甘文芳。他是一位婦產科醫生，曾參加日本的左傾運動，到中華民國大使館抗議過，被扣紅帽子，被迫不能回台灣。後來，甘文芳堂舅擔任親共的日本華僑總會會長。有段時候，他簽字推薦介紹的人就可以進大陸，周恩來總理會接見。但是他始終不是共產黨員。

甘文芳除了執業當醫生，也是一位學者，一九五〇年代，他曾拿日本文部省的經費，編成一部日本的華僑辭典。

因我在日本讀書時的生活費，均由甘文芳轉交，我常去他家，所以，我途經日本，必定特別要去問候他。

32 王昇問我兩次「府上哪裡」

在海外的台灣人知識分子，不論是主張台獨或親共，基本上都是被國民黨的專權腐敗逼出來的思想出路。我青少年在香港時期已開始懂得民主自由，不可能認同共產主義，對台獨則深深同情。雖然我在國民黨政府做事，但拒絕加入國民黨，心裡始終念著自己是台灣人，要盡可能為台灣做點事，而不是為國民黨賣命。

一九六七年十一月我到紐約任職新聞處後，有朋友告訴我，台灣同鄉會有聖誕晚會，我就去參加了。

那時台灣留學生還很少，來參加晚會的學生囊括波士頓到華盛頓的各大學，全部不過一百五十人左右。大家齊集紐約，懷念故鄉，吃著米粉和肉粽。

我第一次參加台灣同鄉會，有一幕印象最深。有人喊「台灣獨立萬歲」，但馬上引來噓聲。倒不是蓄意喝倒采，有人接著說「不要講」，顯示大家心裡都很害怕。

隔年，我太太帶三個小孩抵達紐約，那一年的台灣同鄉會聖誕晚會，我們家就全員參加了。那一次，我和名攝影家柯錫杰聊得正開心，一個台獨的傢伙拿著照相機，不停拍我們。一開始，我也不覺有異，反而柯錫杰自己是攝影專家，被拍得那麼多，感覺奇怪，柯錫杰說：「拍得差不多了吧？不要再拍了。」我才意會到味道不對，整個情況好像威脅著我們說：「我們知道你的身分。」

新聞局駐外單位都是正規辦事，不可能有專業的間諜；若有，也只限突然而來的「空降部隊」，政策性派駐國外，潛伏在新聞處。另一種做情報工作的人是所謂的「職業學生」，或拿政治津貼的窮學生，或有自己的政治企圖。

我知道一直有台灣人團體的人懷疑我，但這種事情也不是一味否認就可以證明。我和我太太一再告訴自己，不要去理會。叫我們「台奸」，喊我們「漢奸」，都無所謂，重要是我們是台灣人，為了台灣美好的未來，我能做什麼，我就要做什麼。

大約一九七三、七四年，總政戰部副主任王昇到紐約來。王昇從江西贛南就跟著蔣經國，地位非同小可。紐約新聞處沒有司機，陸以正叫我開車送王將軍回旅館。

在新聞處電梯間，他很客氣問：「你府上哪裡？」我回他：「台北。」他又問了一次：「不是，我問府上哪裡？」我只好再回一次「台北」，忽地他才恍然大悟一般說：「哦！你是台灣人!?」接著就沒話了。

在國民黨政府，「台灣人」意謂另一類種，不是自己人。那時候，人人夢寐能派駐國外單位，所以，紐約辦事處充斥著有關係、有來歷的人，連工友、接線生都是，也都需要加入國民黨，根本沒有本省籍的空間，我是第一個派赴紐約的台灣人，更不是國民黨員，我猜王昇完全沒料到在紐約會冒出台籍官員來。

從外看來，好像我的選擇只有兩邊，要不就是投靠國民黨，要不成為反國民黨的台獨分子。難道沒有第三、第四種選擇嗎？這也是台灣政治文化一直以來的「二分法」，不是國民黨，就是搗蛋分子；不是藍，就要是綠。簡單的劃分，其實反倒是給自己綁重重枷鎖。我當時的選擇是待在政府裡，不當國民黨員，我要做國際宣傳的事，讓台灣更有國際地位，私下我要盡力幫助為台灣努力的人。

33 拒絕當國民黨的眼線

我一個台灣人在國民黨政府工作，猶如在夾縫裡，兩邊都不討好，但我並沒有太覺得辛苦，因為我的原則很清楚。

譬如說一九七一年，彭明敏成功逃離台灣，在紐約希爾頓旅館舉辦了民眾大會。彭明敏初抵美國，海外台灣人很興奮，對他很好奇，所以，那一次聚會來了五、六百人，是第一次台灣人在美國的最大聚會。

國民黨可能找不到人，安全局的代表吳化鵬來新聞處找我，叫我去聽演講，聽完做報告。我當然不願意去。我倒過來說理由：「萬一有人栽贓，指我是台獨，我反而麻煩。」推託這種打小報告的工作。這就是我的原則，不做情報；既不做政府的眼線耳目，打小報告，也不會故意洩漏政府的機密，去和台獨聯盟交換情報。

彭明敏另外有一次演講，在華盛頓紀念塔前舉行。我所屬的教會「恩惠教會」是紐約第一個台灣人教會，很多教會的人都去參加，我們也不例外。但即使遠在海外，顧忌還是有，大家都戴著面具，也不敢靠得太近。

一九七一年，彭明敏一位姪女彭初惠和我同一教會，因而認識了彭明敏。

算起來，彭明敏也是我一位親戚。我媽媽最小的妹妹甘珍釵嫁給彰化基督教醫院的醫生李昆耀，這位姨丈出身屏東萬丹世家，與彭明敏家族有親戚關係。

音樂家林二有一次到我的禮拜堂來，他是我成功中學同班同學。他說有事想見彭明敏，我有彭先生的電話，就代為安排。事後有一天，大使館安全局的人來問我：「聽說你認識彭明敏？」我裝迷糊：「怎麼認識？」他說：「我知道啦！你安排林二去見彭明敏。」中間過程如何被知道，誰說的，已無法追查，追問也沒太大意義，只能說，情治系統無孔不入，人的心靈和行動都不得自由。

34 幫反對運動出點子

一九七〇年代，台灣已有《大學》雜誌，台灣也開始有民主運動，許多人逐漸被抓。在美國，卻沒有人知道發生什麼事，缺乏情報，往往不知所措。

舉一個例子來說。七一年台灣退出聯合國，我的教堂近兩百人，大家惶惶然，恐懼是否明天中共就會攻打台灣，心情浮動不安。原本教會要求大家都不談政治。恩惠教會的牧師黃武東是長老教會台灣人自決運動發起人之一，教會的長老不願意教會有政治，所以在聘請黃武東牧師時，以此為條件，黃牧師在教會裡即不談政治問題。

但在這個當口，長老很慎重地請我上教會的講台，向大家分析未來台灣的局勢。我說，台灣不會被武力吞併，台灣方面正在和美國協調，如何維持台灣目前的狀況不變，並和美國繼續維持有邦交的實質關係，大家無須驚惶。

台灣內部消息封鎖，關係民主運動的種種，海外台灣人又很關心，所以，經常就是全美熱線總動員，你打電話來，我打電話去，彼此互相打聽交換，花費高額「資訊費」，又不一定得到正確消息。我覺得必須改善，先是想出了一個辦法，以Side bend radio發布消息，但費用太高，無法實行。後來想起製作Telephone message。美國那時老早有答錄機，很少人想到可以這麼運用。只需要一個人和台灣聯繫，了解台灣內部發生什麼大事，把消息存入答錄機，希望知道的台僑，只需撥電話，就能收聽到。如此一來，消息傳遞經濟又迅速，也正確很多。可惜仍礙於經濟上的困難，付不起買答錄機而一拖再拖。

過了好幾年，答錄機已開始較為普遍，但我又礙於公務員身分，不能自己辦。一九七九年中美斷交，接著又發生美麗島事件，就請張富雄和楊宜宜夫婦商量，把自己家裡剛買不久的答錄機搬去給他們，卻不知「台灣之音」已然開始兩年了，成為美國台灣人社群間很重要的消息平台。

我跟張富雄的姊姊和姊夫是很要好的朋友。張富雄畢業於台大數學系，一九六九年初來美國哥倫比亞大學攻讀數學博士，後來進華爾街著名的高盛證券公司，擔任電腦部門主管。張富雄剛開始什麼政治意識都沒有，還非常謹慎說「還要再看一看」。以前國民黨為了控制留學生，規定出國後的前兩年，配偶限制出境，所以，張富雄夫婦沒敢在台灣結婚。我幫忙找一家美國公司，出具證明聘用楊宜宜，讓她可以拿到簽證來美國。他們馬上在美國結婚，我權充主婚人，做他們的親人代表。致辭時我故意用台語講話，張富雄一下子有些尷尬，因為他許多哥大研究所朋友是說北京話的。

35 太太說樂見中國、美國建交

一九七八年底，台美宣布斷交，紐約的國家廣播公司電視台（NBC）知道我所屬的「恩惠教會」是台灣人最多的禮拜堂，除了十多位醫生外，多數人是知識分子。禮拜天一大早就通知牧師李信章，說要來教堂採訪。

李牧師很緊張，十萬火急打電話來通知我太太，她是教會的執事。我立即連絡上台獨聯盟主席張燦鍙，他就派請許瑞峰接受採訪。許瑞峰後來一九九〇年代做過民進黨國大代表、北高兩市的工務局長。電視台當天十點半就準時來了，他們希望有更多人受訪說話，教會的兄弟姐妹卻沒有人願意，我太太便自告奮勇上前接受採訪，並也示意我的女兒代表第二代的台灣人。我太太千鶴與尋常含蓄的台灣太太不同，她開朗大方，頗有膽識。

千鶴的談話內容非常不像台灣政府官員的太太，她說：「做為一個台灣人，我對中國和美國有正式邦交沒有意見。但台灣的將來，應由住在台灣的一千六百萬人來做決定，而不是由美國或中國來代為做主。」

當晚，NBC電視台報導中美建交的大新聞，也播報台灣政府方面的反對示威，中國方面勝利的微笑。接著特別介紹紐約恩惠教會的禮拜過程，聖樂聖詩講道等鏡頭，也特別說明教會教友是由台灣來的留學生及家眷組成的，以台語做禮拜。接著播出許瑞峰、我太太及二女兒對中美建交的回應。

隔天上班，新聞處負責安全的人略帶不好意思的神情，唯恐聽見事實一般問我說：「有人說，好像是你太太在電視上說話。」我直截了當回答他：「我也不了解，我不在現場，管不了她說話。」於是，安全系統還是找別的路子去了解事情怎麼發生。他們知道了不是我主動去安排這項採訪後，便自圓其說，指我太太不會講話，沒有政治頭腦，一緊張說錯話，就沒有追究下去。

事實上，這個紀錄還是呈上去，因為不久，中視新聞部經理王曉祥來美參加美國總統早餐祈禱會，轉道紐約來看我們。閒聊間，他突然提及我太太受ＮＢＣ採訪的事，他說千鶴姊可能當時大概太緊張說錯話了，應該沒有思想問題。千鶴隨即很簡潔直率回王曉祥一句：「我沒有緊張，也沒有說錯話。」然後就從沙發上起身，問他：「要不要喝咖啡？」岔開話題，也不想多在這個話題打轉。

那時，王曉祥與我夫婦已認識多年。早在王曉祥當中視記者，第一次來美國採訪，中視節目部經理張繼高就叫我多幫忙王曉祥，因此結識。後來知道曉祥是千鶴東海大學的學弟，往來更密切。而張繼高與我熟悉則另有一段故事。

一九六九年八月，台灣金龍少棒隊意外獲得每年在美國威廉波特舉行的全世界少棒賽冠軍，轟動全台。台灣在一九七一年開始轉播時，只有台視一家轉播。那一年，台南的巨人少棒隊又奪冠，全台灣的觀眾為之瘋狂。中視一九六九年十月開播後，也開始想爭取這個收視率超高的節目。

中視開台的新聞部經理張繼高是紐約新聞處處長陸以正夫婦的老朋友。陸太太告訴我，有位老朋友，叫張繼高，要來美國，希望給予幫忙。就這樣，張繼高找到我，他代表中視，希望爭取到少棒賽衛星轉播。

事實上，在此之前，台視因為是獨家轉播，從沒想過需要與ＡＢＣ簽約，而且一直做得很順利。雖然雙方沒有正式簽約，但要一個公司換給另一家公司轉播權，也不簡單。我還是想辦法，找到ＡＢＣ的高級幹部，告訴他，中視是一家新成立的電視台，希望能多幫忙。接著安排張繼高去見負責人。見面後，負責人同意讓給中視，雙方條件談妥，契約簽好，也沒告知台視。臨到要轉播前，台視才發現不僅兵臨城下，而且根本就是城池已被奪走。台視頗為灰頭土臉，另一方的張繼高則打響了第一炮。

張繼高擔任過《民生報》總主筆、台北之音董事長，創辦過台灣第一本音樂評論雜誌《音樂與音響》，既在新聞界，也在文化界德高望重。我們從少棒轉播結緣，到一九九五年他去世遠行，二十多年來，公私情誼都深，常常天南地北，談音樂、汽車、書籍、美食，到半夜兩、三點才散。我一九八五年辭掉東京新聞處處長，辭職書就是他擬我抄的。他則託過我兩件事，幫他買一套我認為最好的音響，好送給女兒；從日本、美國回台灣時，記得幫他的愛狗「嘟嘟」買棒棒糖。張繼高真是一位很有質感的性情中人。

36 殺到威廉波特為金龍隊加油

雖然因為少棒賽轉播，交了張繼高這樣一位好朋友，但在美國看少棒賽，卻是憤怒多過興奮。一般台灣民眾看少棒轉播，深夜守著電視，見自己家鄉的球隊打勝仗，心情只有興奮，不知道遠在美國的現場，其實還有「賽外賽」，國民黨曾經招兵買馬，動武打人，企圖抑制台灣人的聲音。

一九六九年八月，台灣的代表隊金龍少棒隊第一次到美國賓州的威廉波特。那一年很平和，因為少棒隊第一次出洋賽球，大概沒有人想到台灣的球隊初次出馬，就會告捷，不要說沒有電視轉播，連記者隨隊採訪也沒有，後知後覺的大使館更沒有動靜。

紐約新聞處知道有金龍隊來美，但渾然不覺、無動於衷，沒想要派人去現場或想辦法把消息傳送出去。那一年是我剛到美國的第三年，也是太太和小孩來美的第二年，我從新聞處的新聞稿知道有球隊要來，我又愛開車，就帶著小孩，開四、五個小時的車，去看來自故

台灣少棒隊第一次到美國威廉波特，張超英一家是少數到場加油的台灣人。

鄉的球隊。

看看球場內外，在場的啦啦隊似乎只有我們一家和近二十位賓州大學和賓州州立大學的留學生而已。金龍少棒隊旗開得勝，我們全家既興奮，也覺得驕傲極了。

一九七一年台南的巨人少棒隊參與威廉波特的賽事，官方有動作，台灣人也多了。許多地區的台灣人同鄉會組織起來，到球場拉起「某某台灣人同鄉會」的布條。當時國民黨最敏感的「台灣」兩字滿場飛舞。我阿姨甘翠釵的女婿、現任總統府顧問陳隆志博士，當時擔任台獨聯盟外交部部長，也出現在球場。他突然跑來找我說：「我想去和記者談幾件事，可不可以想辦法讓我進去記者席？」我立刻摘下自己的記者證給他戴上，只見他拿了證件就往球場的後台中央跑。我不清楚他如何和美國電視台記者交涉，總之，最後他們採訪陳隆志，陳隆志強調球隊是「台灣的球隊，不是中國的！」（Team of TAIWAN, not Republic of China.）當天台灣巨人隊大勝，美國的晚間新聞播報少棒賽結果，特別強調，「Team of TAIWAN, not Republic of China」，第一次在全國電視網這樣播出，感覺真是痛快，因為本來就是台灣，台灣是台灣，中國是中國。

台獨突破封鎖，喊出一點聲音，台灣的國民黨政府開始有所警戒，想辦法要圍堵台灣人的聲音。一九七二年，我在新聞處聽到細細的竊笑，有人說：「這次台獨有好戲可看了！」我原本還想得很簡單，料想只是組成龐大的啦啦隊，以聲勢壓人而已。沒想到他們竟然攜帶了石頭和棍棒。

原來國民黨駐外單位為了反制前一年台獨的突圍，董姓船王的船剛好停靠紐約港，國民黨就以每人二十元美金的酬勞，分載三部巴士，準備在球場還以顏色。

球場上，中國同鄉會和台灣同鄉會雖同為同一隊加油，卻涇渭分明，分坐兩邊，真是全世界僅見的「分裂」啦啦隊。起先兩方相安無事。等球賽一結束，突然之間，也沒有什麼引爆點，中國同鄉會這邊的「傭兵」就群起衝到台灣同鄉會那邊，一時石頭齊飛，棍棒如雨，受傷掛彩的台灣人不計其數。國民黨把他們在台灣用的那一套，也搬來美國。凡是礙眼、不對眼的，就要使出金錢、暴力和恐怖的手段。

我目睹事情發生，錯愕不已。好像電影一般的恐怖片，竟活生生來到現實的人生。當時心裡氣急敗壞，卻又無計可施，只能從遠遠的地方拍照下來存證。

離開威廉波特時，我隨手把旅館的威廉波特市的電話簿帶走。我想，唯一不以暴抑暴的制止方法只有一個。一九七三年夏天，台灣由巨人少棒隊代表遠東區赴美比賽。比賽前一兩個月，我把主編《北美台灣人基督教聯合通訊》的張富雄和楊宜宜夫婦找來家裡，給他們威廉波特城的電話簿。我建議他們出面去策畫執行，寫信給每位威廉波特居民，告訴他們國民黨打人內幕，請他們寫信給設在該市的少棒聯

一九七二年世界少棒賽一結束，中國同鄉會衝向台灣同鄉會，大打出手。

盟總部，制止類似情事再次發生。

我們動員教會的人力，著手寄信，凡是電話簿上有地址的威市居民，都會收到我們的信，總共發出幾千份信。

少棒賽開打，我特意轉進少棒聯盟總裁的辦公室，一看，果然信一大堆。少棒聯盟呼應民意，嚴重告訴中華民國大使館，如果再發生打架，將永遠開除中華民國會籍，不得再參加少棒比賽。聯盟也通知當地警察，嚴格檢查所有進城的車輛，尤其是中國人駕駛的汽車，一切可能成為武器的物品都要沒收。從此，少棒球場威廉波特才恢復平靜，暴力不再進場。

一九七三年的威廉波特，除了寄信抵制暴力，我也建議台獨聯盟主席張燦鍙，僱用私人小飛機，機尾拉著布條。果然張燦鍙租來一部小飛機，布條正反面各寫著「Go Go Taiwan」和「台灣獨立萬歲」。當飛機一直在球場上盤旋時，引起現場一陣陣騷動，美國電視台也攝影下這幕鏡頭。對於宣達台獨理念，這項行動算很成功。當然，國民黨政府又氣急敗壞了。

《張繼高與吳心柳》書中，據名攝影家張照堂的回憶，那個畫面差點也傳回台灣。當時他在中視任事，轉播時坐播報員郭慕儀旁邊當現場指導，知道前後經過。負責錄製的老外導播看飛機來，興沖沖要取鏡時，他的手被張繼高及時用力撥開，這位老外老兄在旋轉椅上還轉了兩圈。張照堂說，「那是民國六十年哩！不用說還沒解嚴，還正是白色恐怖年代呢」，若飛機拖著台獨萬歲的鏡頭真傳回台灣，他們這群轉播人員「可能至今仍『流落海外』」。

37 援救病危的謝聰敏

一九七五年，也就是蔣介石過世、蔣經國繼掌大權的一年，台灣的政治犯受迫情形相當嚴重。有一天，在日本的表妹盧千惠傳來消息說，謝聰敏已危在旦夕，要即刻救援，否則生命難保。謝聰敏兩度入獄，早先一次因和彭明敏發表「台灣人民自救宣言」，後一次是為「花旗銀行爆炸案」。他病危消息一出，台灣島內大家分頭尋找各種管道，美國台灣人團體的圈子也一樣著急，熱切要援救他。

我太太千鶴一直很關心、同情台灣的政治犯，先前就與幾個教會婦女發起每月省菜錢二十元，寄到日本，轉寄台灣，幫助監獄裡的政治犯。有十多位熱心的教會姊妹響應，當時二十元數目看來雖小，但相當現在的兩百元以上，如此持續捐款一年多。

謝聰敏病危的消息一傳出來，千鶴就和張燦鍙的太太張丁蘭、使命教會的會友林麗嬋去見國際政治犯特赦組織（International Amnesty）總幹事要求協助，短時間卻沒有下文。

我想到與國民黨交好的紐約州參議員白克萊（James Buckley）。他出身美國東部世家，與國民黨交往很深，是美國右派代表人物之一。我打電話與他的祕書Irene Payne約時間，說千鶴有要事找她。第二天，她與千鶴吃中飯，千鶴詳細說明台灣政治犯的處境，請她轉告白克萊議員，希望能設法與台灣當局連絡，訊問謝聰敏的健康情形。不久，白克萊寫信給駐台美國大使館，要他們調查政治犯的現況。白克萊的祕書很仔細周到，把信的副本寄給千鶴，並電話告訴我，信已限時郵件寄發了，請我們放心。這個管道果然奏效，不到一週，我們就接到消息，謝聰敏已經獲准保外就醫，真教我們鬆了一口氣。

謝聰敏出來以後，一直不知道是誰奔走，只知台獨聯盟放出病危消息。直到二〇〇四年，千鶴把相關信件影印給他，謝聰敏才知道幕後原因。

38 紐約新聞處樹倒猢猻散

一九七九年一月，台美正式斷交，駐紐約新聞處長陸以正在《紐約日報》（*New York Daily News*）投書，認為美國公民應該向卡特總統抗議與中共建交。這封投書被美國國務院列為不受歡迎外交官，限一星期內出境。

紐約新聞處素有「小新聞局」之稱，不少幹才，像前《中國時報》社長、現任中時報系總管理處總經理黃肇松當時就是年輕有為、處事不驚的科員。此刻，為首的處長陸以正離職，樹一倒，猢猻被迫要散，隱隱約約有股勢力要拆掉這個「小新聞局」。

陸以正又是把我找到紐約的人，我們私下交情很好，他被迫離開紐約，我自然產生一種此地不能久留的心情。我在新聞局工作已二十年，待在紐約新聞處也十三年，因而起了離職的念頭。

這時候，一位熟識的朋友找我去ＡＢＣ（美國廣播公司）新聞部做事，經過慎重考慮，也去面談了，要我做一個新聞紀錄片節目的製作人，節目每週一次。

我和ＡＢＣ關係很深。一九七二年二月，美國總統尼克森到中國大陸訪問，見了毛澤東，和總理周恩來會談，最後在上海簽署聯合公報。負責這個採訪工作的人打電話給我說：「ＡＢＣ總部沒有一個人懂中文，希望你做我們的顧問，時間只有一週，每天晚上而已。」我每天下午五點半去ＡＢＣ報到，和他們一起看所有尼克森訪問中國大陸的第一手衛星片，有任何問題，他們會問我。

美國衛星片有一個術語叫「POOL」，共用片子的意思。訪問毛澤東的場合，太多記者在場會破壞氣氛，紊亂新聞的正常發展步調，所以記者們協議推派代表進場，大家再共用拍得的片子。POOL的新聞片之外，各電視台還有各自拍攝的新聞片，透過衛星傳回美國。尼克森訪問中國大陸時，我天天在ＡＢＣ，完完整整看過POOL的共用片和所有ＡＢＣ拍攝的片子，完完整整看過尼克森訪中的活動細節。在台灣的人，因為國民黨不准媒體出現毛澤東的臉孔，所以，尼克森訪問中國的畫面，一個也看不到。

雖然半個身已經進了ＡＢＣ，最後，我還是沒去成；因為台灣方面突然要調我去東京。

一九八〇年，駐日代表處新聞組組長鍾振宏回台灣任省府新聞處長，新聞局提報給駐日代表馬樹禮四、五位人選，馬代表都不滿意。後來，紐約新聞處處長江德成回國述職，宋楚瑜問起，才發現還有我這位到日本留過學的新聞官。調閱了人事資料，決定調我轉任東京。馬樹禮曾待過國民黨海工會美國支部，知道我的名字和做事能力，所以當新聞局把我的名字提給馬代表時，他也同意了。

反而我自己意願不高。三個小孩正值高中、準備進大學的階段，我以一個中階公務員派駐日本，根本付不起孩子的大學學費，而且內人千鶴在紐約州立大學已獲任終身職，得來不易，要放棄很是可惜。但新聞局這邊頻頻催促，又令我猶豫不決。

有一天上班途中，我跟太太商量：「台北要我去東京。」千鶴很直覺說：「東京還可以考慮嘛！」到了辦公室，江德成處長又叫我去說話：「你決定如何？台北又在催消息。」我答說：「給我時間考慮。」不過，台北新聞局那邊和紐約這邊似乎已經懶得理我，江德成直接就打電報給台北，說我已同意赴任。台北很快趕辦公務護照，照片也等不及我寄過去，就直接從人事處的人事卡翻拍。

我坐在飛往東京的飛機上，看著護照上的相片，神色倉皇，有點像犯人，不禁啞然失笑，其實我更像是一隻被趕上架的鴨子。

既然要被調到東京，我心裡想，台灣人在政府做事，像我這樣資歷的人不多，我一定要替台灣人出一口氣，不要教別人瞧不起台灣人。早幾年，我的外省籍同僚經常會講：「你們台灣人沒有人才。」或者用反問的口吻說：「你們哪裡有人？你們台灣人怎麼做嘛？」我心裡忿忿難平，但不願去多論辯。有骨氣，就去做，不是跟否定你的人逞口舌之快。我只放在心裡想：「你們怎麼知道沒有！沒有哪一個人天生下來就堪稱大材，足以當總統或部長？不給台灣人機會，又說台灣人沒有人才，這是一種族群歧視。」

有機會派往東京，毋寧眼前有一個更高的山峰，等待征服，更大的機會去證明那種歧視的錯誤。懷抱這樣的心情，我不再考慮太多，繼續投入公職，前往日本擔任駐日代表處的新聞主管。

39 初到東京當「流氓頭」

頭一天上班，我記得當時的副代表林金莖邀請一批日本重要人士吃飯。我雖然大學在日本完成，但往後工作都使用英文居多，日文已經二十幾年沒講，這一天對我而言，彷彿新生測驗。結果，我的日文讓在場賓客很驚訝。其中一位日華關係研究會的龍頭桑原壽二，蒙他品評，他說：「你的日語很標準，只有兩個用語稍有出入。」我從小像日本小孩一樣讀小學校，日文彷彿是我的母語。我敢這麼說，駐日代表處裡，我的日語能力應該沒人可以超越。

辜振甫的父親是貴族院議員，從小讓他受很好的教育，他說一口流利的貴族日語。在我所知台灣的官員或社會賢達菁英中，辜振甫的日語是最好的。

日本戰前在皇室之外還有華族，階級社會會以各種差異來彰顯各階級的不同，貴族的日語和一般人說的日語有顯著不同。辜振甫說的就是貴族的日語。

已故的板橋林家林衡道教授，他的日文造詣也很好，但還稱不上貴族日語。他的岳父杜聰明和我祖父交情深，我父親年少赴京都讀中學時，祖父曾託杜聰明照顧父親。家父母結婚的媒人也找杜聰明。我和林衡道也熟，他蜜月旅行到上海就是住我家。

李登輝總統的日語有濃濃的台灣口音，這與他在台灣念公學校及中學有關係。不過，李登輝讀書多，可以掌握意義很深的字；從這方面說，他的日文算是很好。

在東京工作，一開始我就發現自己的職銜有些怪異。駐日代表處正式名稱為「亞東關係協會駐日代表處」，亞東內部稱我為「新聞組組長」，新聞局的公文稱我為「行政院新聞局駐東京新聞處主任」，新聞局對外稱時又說我是「處長」。稱處長、主任都無所謂，但名片上印「組長」銜，就大有問題。「組長」兩字在日文是「流氓頭」的意思，每次我把名片拿出來，都尷尬萬分，很不願意拿名片給日本人。

內人千鶴後來跟隨我遷來東京，馬上找到外商公司的工作。有一天，她的英國上司在家請客，西方人喜歡請夫婦一起歡宴，那天，我也去了。我把名片拿出來交換，太太的英國上司當然沒感覺，日本同事看到「組長」就瞪大眼睛了。第二天上班，同事不免嘀咕，我太太真是尷尬極了。

我把問題反應上去，赫然發現自己好像撞上一片冷冷的

牆，沒人當一回事，沒人覺得有必要改。中日文化的差異在這點也可以顯現。中國人很自大，認為我用的字、遣的詞就是對，別人解釋錯誤是他們有問題。然而，我們是辦外交的，應實事求是。在日本社會，明明白白只有黑道會用這個「組長」稱呼。我們的外交人員讓別人誤認為黑道頭頭，這種堅持形式的性格，毫無實質意義。但外交部不改就是不改，到今天仍沿用「組長」這個頭銜。

在駐日代表處的辦公室接見媒體記者。

40 和文部大臣的四代交情

在我改派東京以前，駐日代表處和日本新聞界的關係等於零。日本三大報紙分別是《朝日》、《讀賣》和《每日》，對台灣一個報導也沒有。NHK電視台和共同通訊社等等媒體就更不用說了。國民黨政府只和遙遙落居末位的《產經新聞》維繫關係。國民黨讓《產經新聞》出版《蔣總統祕錄》，《產經新聞》也是唯一特准進台灣的日本報紙。問題是，《產經新聞》在日本是少數右派支持的報紙，我認識的人，多數家裡沒有訂閱《產經》，政府卻只和《產經新聞》交情好，這讓日本真正的實力人物反而瞧不起台灣。

初到日本，我把目標放在改變這種可悲的現狀，但被潑不少冷水。

一九八〇年一月我剛赴任駐日代表處新聞處長，第一次開會，我向馬樹禮代表當面建議說，現在不能只跟《產經新聞》交往，一定要想辦法開拓和《朝日》、《讀賣》等報社的關係。馬樹禮當時反應冷淡，好像聽到一則天方夜譚一般。開完會出來，同事也說：「超英，《朝日》和《讀賣》捧中共都來不及，怎麼可能理你台灣！」當時的政治環境的確困難。但每次開記者會，來者盡是三流記者或文化流氓，逼得我不服輸的個性難過，想到自己的國家被如此對待更難過。

我的一位老同事於一九八一年三月陪省主席林洋港到日本，好意勸我：「不要那麼辛苦做，做了日本記者也不理會，日本報紙也不會改變。倒是多和國內駐日特派員弄好關係，多幫馬代表寫寫文章，國內大老看到，會打電話給馬代表，馬代表會很高興。」

我有一次和《每日新聞》記者談天，他發覺我駐美多年，經驗不少，邀請我去報社演講。我正準備前往每日新聞社，他卻來電話道歉，說是報社的政策，也承受了壓力，不容許台灣官員去報社演講。去《讀賣新聞》也同樣發生類似問題。好像駐外的台灣官員有傳染病一樣，問題非常嚴重。同事們說的話不完全錯誤，改變現狀確實非常困難。但我有點理想派，內心還是有一股頑強執著，想找機會，努力試試看。

這時，我想起永井道雄（Nagai Michio, 1923-2000）先生的話，他知道我到東京任事，曾叮嚀我：「找一天到《朝日新聞》來看看我。」

永井道雄出身日本世家，其父永井柳太郎（Nagai Ryutaro, 1881-1944）戰前歷任齋藤實內閣的拓殖大臣、第一次近衛內閣遞信大臣以及阿部信行內閣的遞信大臣兼鐵道大臣，是日本著名的演說家。他的演講和英國名相邱吉爾一樣具有撼動性，人稱「日本的邱吉爾」。即使經過戰後多年，我在日本工作時，仍舊聽好幾位國會議員說，他們都因聽了永井柳太郎的演說而燃起從政的熱情。

永井柳太郎拓殖大臣任內，主管殖民地事務，知道了我父親反對日本的鴉片政策，被總督府視為異議分子，他卻認為我父親的反對態度，情有可原；亞洲人為了鴉片戰爭，深受其害，身為亞洲人應該體念中國人的痛苦，怎麼還要在台灣施行增加鴉片人口的政策。我祖父及外祖父因此相偕赴日向他道謝，兩家開始有往來。

永井柳太郎在日本時代曾經來台參觀一九三五年的台灣博覽會，和許多台灣士紳接觸，有所往來。外祖父甘得中與他也有交情，早在一九一四年，陪林獻堂拜訪日本王公政要時，就拜見過永井。所以我的母親甘寶釵留學日本時，曾請永井家代為照顧，短暫住過他家。

我家保存一張一九三五年的大合照，盡是知名歷史人物。依《灌園先生日記》記載，這次聚宴由林獻堂出面邀請，主客是永井柳太郎和他的長子明雄。座中陪客有歷史上所謂的抗日派，也有親日本總督府的人物，他們會碰在一起吃飯，頗值玩味。那晚客人有前外交部長簡又新的外祖父林呈祿、現任親民黨副主席張昭雄太太的外祖父羅萬俥，他們是和林獻堂一起辦報的人物。台灣第一世家板橋林家的林熊光則在日治後期當了總督府評議員。另一位郭廷俊當時就是總督府評議員，我祖父跟他有事業合作。也出身板橋林家的林柏壽素孚眾望，戰後被拱出來擔任台泥董事長，辜振甫稱呼他四叔公，因他扶植而繼掌台泥大權。祖父與外祖父也參加這場飯局，當時他們已是兒女親家。

永井柳太郎的次子永井道雄，在日本教育界和社會思想界享有崇高地位，我未派駐日本前，他曾在三木武夫內閣（一九七四年十二月～一九七六年九月）擔任第一位非國會議員出身的文部大臣。他也是東京聯合國大學的創辦人之一，爭取到聯合國在東京設校，生前是該校的最高榮譽顧問。另外，他在京都大學和東京工業大學也任副教授和教授，又曾是日本國際文化會館主席。一般日本知識界無人不知「永井道雄」這個名字。

中國前總理周恩來曾在北京接見永井道雄，周恩來問說：「永井先生，有什麼我可以效勞？」永井道雄說：「我父親有幅梁啟超的書法，給美軍飛機炸毀了。為了紀念我父親，我想，如果可以再找得到，希望能再得一幅梁啟超的字。」過了幾個月，周恩來果真找到梁啟超的字，拿來贈予永井。足見永井的地位之高。

說到梁啟超的字，我舅舅家也藏有一幅。一九一一年，梁啟超受林獻堂之邀來台，外祖父甘得中擔任翻譯，梁啟超曾題了四個字「行氣如虹」送給他。

永井道雄和我都非常珍惜世誼，幾十年未斷過音訊。一九五四年，他與美國著名日本文學家唐納德·靳（Donald Keene, 1922-2019）來台灣，住過我家。我們初到日本任職時，我太太戰前念過小學一年級，說日文的能力尚待加強，就請永井夫人權當日文導師。永井夫人也出身名門，祖先代代是岡山城主的首席長老（按，長老一職為城主的最大家臣），為城主的最大家臣。我的兒女也和他的子女交往，所以兩家可謂有四代交誼。

日本人不同於中國人，不會單單為了金錢利益就幫你做事。他們講究「義理」，也就是做人的道理，注意故舊的情義，所以和日本高層社會人士交往，比台灣社會更需要依靠關係。

一九八〇年我第一次駐日，想要突破新聞壁壘、打入朝日時，就先去拜訪永井道雄。永井當時正擔任《朝日新聞》的客座論說委員，相當於榮譽主筆。《朝日新聞》從古至今就他一個客座主筆，足見永井的地位與所受的尊崇。

約好拜訪那天，我一進《朝日》，永井道雄很敏銳，知道我期盼他的幫忙；他也很世故，知道該怎麼幫助我。他帶我到報館餐廳，總編輯以下各重要主管幹部都在那裡用餐。他看見位子重要的人，就把他招呼過來，向對方介紹說：「這位是台灣來的張先生，和我有四代交情，是很優秀的人……」這樣的動作在日本是很大的禮遇。當日本人慎重介紹某人時，等於希望對方視某人與自己一樣，無形中提高某人的地位，所以日本人並不隨便引介，若是引介推薦，則意謂他賣出很大的面子。

永井為我開啟了《朝日新聞》的大門，接下來，我就依拿到的名片，打電話給《朝日新聞》的主管，自我介紹說：「那一天，承蒙永井先生介紹……我想可否當面請教？」這樣的表達與陳詞，依照日本社會的人情義理，基本上沒有任何人可以拒絕我。不看僧面看佛面，他們看永井的面子，絕對是非見我不行。我因此打進《朝日新聞》的圈子，與許多重要幹部都有交往。往後《朝日》內部容有人事異動，我仍會被很有禮貌介紹給繼任者，所以，與《朝日》各階層主管的關係一直不斷。堅固的高牆有裂縫後，不再有藩籬阻隔的日子也就不遠了。

永井道雄（右二）引介張超英（左一）認識《朝日新聞》的高層。

41 日本人一起闖紅燈就不怕

永井道雄為我鋪了一個好的開始，但木炭點熱，還需搧風才會燃起火，接下來還需要下很多工夫。在日本社會經營人際關係，單單抓住一個人或一個單位，即使抓住龍頭，也不管用，要「一網打盡」，才能發揮作用。

日本有一個與眾不同的「稟議」文化，事情一定在所有人都同意之後才敲定。具體說，基層科員簽公文上去，一路上大家都寫同一意見，最高決策者就會批准。下屬當然會體念老闆的意思傾向來簽意見，但是，如果部屬真覺得不對，也不一定會隨波逐流。日本社會不願意因辦事的過程有歧見，最後產生一個極端的人來，所以，即使身為龍頭，通常都會、也必須要體念眾人的總意。

因為這種文化，日本反對黨雖然一開始堅決反對某項政策，最後卻仍可能予以妥協。日本人不喜歡一意孤行的人，當然也就不會讓自己一意孤行。日本式的民主因此和西方式的民主不同，日本式民主不是只服從多數，而還要「尊重少數」，以大公的意向來行事，不能由某一個人單獨私心決定。明治天皇的遺訓有一條說：「萬事必由公論決定之。」深深刻畫出日式的民主精神。

落實到和日本新聞界打交道，若邀請某一報社派記者去台灣，他絕不會來，他會看看別人，大家都去了，他才會答應。日語裡有一句成語，意思就說：「大家一起闖紅燈，就不怕了。」所以，和單一報館建立關係沒有用，和社長一人建立關係也沒有用。和報館建立關係也不能單單跟國際部，政治、經濟和文化部統統要打交道。所以在日本辦新聞外交加倍辛苦。

一九八〇年一月八日我改調東京，過了六個月，才回紐約一趟，把家眷帶到日本。路上我跟太太說：「我們在紐約生活十三年，天天下班後馬上回家，夫妻也不曾分離過一天。這一切到了東京都會變樣。我下班之後，不能馬上回家，回到家一定是過了午夜子時以後。」

我還告訴她，日本有個特殊名詞「午前樣」，直譯成「早上的先生」。日本太太若對人家說：「我先生是午前樣」，她的神情必然微笑中帶著驕傲。日本的會社生活一定要應酬，有應酬的先生才是公司的一號人物，沒有應酬等於注定沒有前途。一有應酬，往往就晚上十二點鐘以前回不了家。我太太聽得直苦笑，有些不相信，以為我在開玩笑。

來日本沒幾天，她終於相信了，我真的天天回不了家。不僅晚上和日本記者、主管吃飯，飯後還要「續攤」。在日本，他們稱續攤為「二次會」，多選在酒吧，真正談事情的時機都在此時。

在美國交際請吃飯很簡單，也很便宜，請一個午餐，頂多三十美元就打發了。在日本請吃飯都是一整群人一起請，東京物價又高，一夜的交際餐費非一千美金不足以解決。二次會的開銷又必須我自己付，真是吃不消。

所幸內人千鶴馬上找到英國藥廠資訊顧問的工作，又在慶應大學醫學情報中心當「非常勤顧問」，薪水比我高出三倍。為了節省酒吧的交際費，千鶴的英國公司也有租屋津貼，她就提議移居港區麻布台，租下三十幾坪的大樓房子。鄰近有美國俱樂部、蘇聯大使館，戒備森嚴，當時是東京數一數二的高級公寓，專供外國公司高級主管租用。此區連接東京有名的六本木繁華區，客人很樂意飯後到我家來喝酒，取代在外的「二次會」，效果也比在酒吧好，大家更無須拘束，相談更歡暢自在，我太太又會準備幾樣家常酒菜，感覺更親近，久而久之，大家都成了好朋友。

42 很高興來了五個記者

我是很積極的人，很快向馬樹禮代表提出一份計畫書，一步一步著手「整治」對日的新聞關係。

除了和東京的三大全國性報紙建立關係，我還做了一件駐日代表處從未碰觸的事，去敲日本的地方報紙的門，去跟他們遞名片，讓他們知道台灣。

人生欠缺機會，常因我們單憑肉眼，或靠皮膚感覺溫度，馬上下判斷，認定沒有機會，試都沒試就放棄。駐日代表處以往看日本地方報社就是如此態度，地方報社成為對日關係的荒地。其實，日本報界和台灣不同，地方主要報紙仍能在《朝日》、《讀賣》和《每日》三大報夾攻下，擁有當地半數的讀者。讓日本新聞界了解台灣，才能讓更多日本人知道台灣，地方報社自是不能小覷或視而不見。這牽涉到商業、觀光的利益和國家形象的推銷。國際宣傳的利益並不只是政治性，不只是要讓國際知道有台灣、突破外交孤立而已。

望著這片未墾的荒地，我先以高薪聘請一位五十幾歲的日本小姐幫忙做公關兩年。她出身富士電視公司，和地方報社有關係。在此之前，我們的駐美單位已經知道運用公關公司，日本一直沒這麼做。透過這位小姐負責聯繫，建立的管道和關係遍及仙台、靜岡、廣島、福岡、熊本、札幌各大城市的主要報社。我曾邀請十幾個報社社長參加國慶閱兵典禮，也請他們去金門看戰地風景。平時他們到東京，我也會約他們吃飯聚會。當日本人受隆重招待，下次一定以貴賓相待，幾次往返，大家便能結成好朋友。到後來，只需我的祕書打電話約時間地點，就可以和他們見面。這些社長都是地方之霸，上層關係弄好，開發下層關係順利很多。

我也改造宣傳雜誌《中華週報》。《中華週報》雖不是駐日代表處掛名的正式刊物，但眾所皆知，週報出自代表處。之前的《中華週報》全是反共八股文章，言論部分，常摘引《中央日報》的社論，講一些「中華民國萬歲」之類自我安慰與自我麻醉的話。新聞消息部分，「匪情」約佔三分之二，台灣自己的消息反而只有三分之一。我把它改變成三分之二報導台灣消息，大陸消息佔三分之一。

我自己則在週報中開欄寫文章，叫「春風秋雨」，每週一篇。每篇都針對時事，批評或嘲諷日本，讓日本人知道台灣的觀點和立場。事後發現不少日本人對這欄很感興趣。有一次，TBS（東京電視）的副社長告訴我，從「春風秋雨」來看，「我想，你是一位愛國者。」

另外，我新創一本月刊《台灣的鼓動》。請一位《朝日新聞》外務部（國際新聞部）部長退休的中島博先生來主編。基本方針就是介紹台灣經濟和觀光各種問題，因為這兩項是台灣的本錢。

請中島先生主持月刊另有附加價值。日本人講究人際關係，又重倫理，後輩很尊重前輩，透過中島，更容易打入《朝日新聞》的基層。

辛勤播種，終會歡笑收割。我在日本新聞界布建人脈，廣結善緣，逐漸收到效果。最早，我主張選擇前經濟部長李國鼎一九八二年訪問日本的機會召開記者會。日本對台灣最感興趣的莫過於經濟，李國鼎先生的名聲也未因卸任而稍減，就藉他當開路先鋒，應可吸引日本記者來。結果來了五位記者。一般人看到僅僅五位，一定大感挫折，我卻鼓掌叫好，覺得這是個好兆頭，因為來者五位都是大報社的記者。

台灣人日本兵遺族請求撫慰金一事，是一九八〇年代台日關係的大事。很不幸，駐日代表處一開始反應保守冷淡。副代表林金莖就和我說：「我們不能向日本人要求這個賠償，如果要這個賠償，日本人在台灣的財產也要歸還。」他完全依照中日和約來判斷此事，態度當然不積極。

幸虧日本眾議員有馬元治熱心奔走，許世楷、黃昭堂等人熱心提供資料給有馬元治，求償案才漸成一股潮流。馬樹禮代表知道必須做點事了。有一天，他叫我去說：「有沒有辦法找一家報紙，反映一下這件事。」我想了一下，鎖定《讀賣新聞》。《讀賣新聞》頭版有一個「編集手帖」的專欄，就如《朝日新聞》有「天聲人語」一樣，是讀者最多的專欄。日本大學名校的考試常常引用這兩個專欄的文章，因此

高中生考大學，每天都不敢不看這個橫塊專欄。兩報的專欄都不刊登作者姓名，看不出主筆人。我和《讀賣》、《朝日》的主筆人都是好朋友，但最後考慮刊出的可能性，我去找《讀賣》的門馬晋，把事情原委和求償的道理講給他聽，門馬果然仗義執言，寫了文章。刊登後，馬樹禮很開心，把報紙剪下來，送給國會議長，並說，日本報紙都反映這件事，你們應該做。

《朝日新聞》的「天聲人語」主筆人白井健策跟我友情也深。白井與我的家庭有許多相似處，我和他同年，他太太捷子與我太太同年，他們都是基督徒，也都有海外經驗，白井曾是《朝日》駐英國倫敦特派員、美國華盛頓支局長，說一口流利英語。也許長年派駐西方國家，白井不像傳統日本人不帶太太出外應酬，他總是帶著妻小一起與我們全家交遊，兩家關係非常緊密。他去世當天，白井太太珍視我們的情誼，馬上打電話到紐約向我們報喪，我聞之心碎。

上圖：早年介紹後來的駐日代表許世楷夫婦（右三、二）認識《朝日新聞》主筆白井健策夫婦（左二、三）一家。

下圖：受邀到白井健策家做客。兩家情誼延續到下一代，雙方兒女也都是好朋友。

43 日本簽證兩週到兩天的內幕

東京那段時間，我好像有用不完的精力，不曾感冒半次，每天都彎腰拾起散落地上的拼圖一般，好像每一天多撿起一片拼圖，距離拼出台日正常關係就更近一日。所以，凡是有一絲可能，可以改善兩國關係的，我的腦筋就像自動機器一樣動起來。

我剛到日本，就發現在簽證手續上，雙方存著比不平等條約還嚴重的做法。政府鼓勵日本人來台灣觀光，日本人到亞東關係協會，只需二十四小時即可拿到簽證，反觀台灣人受到的待遇，竟需要兩個禮拜。日本政府的理由是雙方沒有邦交，簽證需經過香港總領事館。

明眼人一看，就知道這是欺負人的藉口，實際上，簽證手續根本全程在台北辦理。政府官員和有辦法的人跟日本交流協會打個招呼，一樣可以迅速取得簽證。沒有特權的老百姓才要受折騰，必須一大早五點鐘去排隊，還怕排不進當天受理的人數限額。

我曾問駐日代表處的同僚有何對策，得到的回答是「沒有辦法，日本政府說經費不足……」，我聽了很火大。外交無非就是兩國秉持平等互惠的原則來交朋友，這種問題應該由外交部去突破。我雖然不是外交部系統的官員，但心裡老想為台灣人出一口氣。

意外中我發現，日本外務省下的諮詢機構裡，有一個「觀光審議委員會」，我去索取了一份委員名單。其中一位橋本女士是電視台有名的女製作人。我找一位熟人去調查她的背景，知道她在中國東北的大連出生。然後就請朋友介紹我認識她。

我告訴橋本女士，以一九八〇年來看，台灣一年有五十萬人次去日本，平均一人在日本花費一百萬日幣，台灣觀光客的屁股後面等於是跟著一部又一部的卡車，載滿各式日本電器和土產。日本百貨公司重視台灣觀光客，公司內已經有會講北京話和閩南語的職員。台灣又有那麼多留學生在日本，若有兒女生病，難道他也得等兩個禮拜才能見到兒女嗎？日本給台灣人簽證這麼緩慢，實在不太好。她邊聽邊點頭，似乎被說服，口頭上答應要想辦法。

「一個人的主張」，在日本無法成事。所以，這位女士自掏荷包，請觀光審議委員會其他委員吃飯商量，說服其他委員，形成共議。委員會最後決定邀請外務省次官出席委員會會議。委員們集中砲火質詢他，要求改變現況。不到兩個月的時間，政策就改弦更張了，簽證時間縮短成兩天。

這件事的來龍去脈，我從未向外交部提起，因為這件事不在新聞工作範圍內，不好教外交部難堪。不過，相信有案可查。一個事能成，必然有很多管道辦法，我總相信上天不會辜負努力的人，應該多角度去找出可能的辦法，帶著傻勁做去，再頑強的深土種子，也能教它生葉開花。

那時候的駐日代表處，大家只是躲在使館內喊「中華民國萬歲」，只跟高喊「中華民國萬歲」的人交往，瀰漫著悲觀自閉的氣氛，難怪同事會勸我：「不要做，做了人家（指日本記者）也不會來。」

我認為，應該去了解日本需要什麼，我們的本錢又是什麼，即使只有一千元本錢，也有一千元生意的做法。不能自暴自棄說沒有錢，也不應該只有一萬元，卻妄想做十億元的生意，因為對方絕非傻瓜。應該自我分析台灣有什麼力量，日本有什麼力量，之間有什麼利害關係。再從利害切入，說服日本、要求日本。我想縮短簽證時間是一個很好的例子。

44 《讀賣》小林社長密會嚴家淦

和日本的電視台建立關係，也收到成效。一九八一年，讀賣新聞集團旗下的日本電視公司雄心勃勃，打算不惜成本，製作一個劃時代、有歷史地位的節目。最後，日本電視公司擇定要拍攝全球的大博物館。

故宮是全世界五大博物館之一，日本電視台自然傾全力爭取。但初步接觸，就遇上幾個困難。第一，故宮的心態一如一般的博物館，敝帚自珍，不願全數一次曝光，只願一小批一小批拿出來展覽。第二，故宮態度消極，不願別人來拍，怕古物受傷、損壞。第三，《讀賣新聞》一直被台灣視為左派、不友善的報紙，故宮沒人敢答應跟這樣的報紙集團旗下的電視台打交道。

自從幫忙中視爭取到少棒轉播權後，張繼高和我變成好朋友。這次，我先透過張繼高，由他去說服秦孝儀。秦孝儀為蔣介石的文膽，因《產經新聞》出版《蔣總統祕錄》，跟《產經》很熟，並且是當時台日間種種政治問題的決定者。張繼高知道箇中路徑，於是先找秦孝儀，向他說明《讀賣》是什麼樣的報紙，日本電視台是讀賣集團的子公司。秦孝儀同意了，故宮博物院院長蔣復璁當然就會點頭，同意《讀賣》去拍製。

雙方簽訂的契約中有一條，故宮要求播出終了，最後的字幕必須打上「中華民國故宮博物院」。事涉基本國策，沒有商量和讓步的餘地，我轉向說服日本電視公司接受。我告訴他們說：「你們先去拍了再說嘛！拍完再想辦法。」對方同意了。我的目的不單是為了能放映故宮寶物而已，我認為，日本電視台一來拍，雙方關係就建立起來了。

果然，往後我們關係密切。日本電視公司就像我的家一般，進出自由。隨後，一九八三年我更安排《讀賣新聞》社長小林與三郎密訪台灣十天，跑遍全省。到日月潭、花蓮太魯閣、高雄加工出口區，也去看養鰻魚，當然也去拜會故宮。為了讓小林社長看民家，也安排他去連戰住的一品大廈，但參觀的不是連家，而是拜訪八樓的前桃園省立醫院院長李俊仁和七樓南僑化工董事長陳飛龍的弟弟陳飛鵬的家。

小林社長是讀賣財團創始人正力松太郎的女婿，當時已是《讀賣新聞》、日本電視、巨人棒球隊、東京後樂園等財團的頭頭，在日本文化界、財界屬於呼風喚雨型的人物。在台北一次餐聚中途，已卸任的前總統嚴家淦先生風聞消息，也主動前去致意。這是日本最大報社社長第一次訪問台灣的創舉。

那段時間，日本電視公司以每一組四人，每隔一個月就來台灣拍製一個月。中間一個月回日本，並非為了休息，而是研究調查下個月要拍的相關資料，好在下個月來台灣時，開名單給故宮，讓故宮有較充裕的時間準備。如此足足連續拍攝了兩年，至少花費兩百萬美金，若再計算人員薪水，總金額更為可觀。

拍攝完成要播放前，字幕問題不能再迴避。我一而再，再而三問日本電視，會不會依約打出「中華民國故宮博物院」的字樣，他們都承諾會。中共大使館方面卻一再「關切」。據說，日本人跟中共說：「我們已經花了兩、三百萬美金……」言下之意，字幕非打不可。但到播出前一刻，故宮仍未看見片尾，只看過中間的節目內容。我很擔心，若沒有字幕，我的工作將前功盡棄。

日本電視最後想了一個對兩邊都勉強交代得過去的辦法。字幕是打出來了，就是契約上規定那九個字，但在前後，各加了引號。我很難挑剔它，日本電視也因此有足夠理由去說服中共，辦法頗為高明。

我邀請小林社長來台灣訪問一事，雖屬祕密訪問，但意義重大，宋楚瑜局長因此簽報我為當年新聞局保舉最優秀公務員。過去，極少駐外人員能有這項榮譽，新聞局特別出公費，讓我飛回來受獎。跟隨宋楚瑜局長這樣的長官，心裡會受鼓舞，你有一點功勞，他馬上想辦法獎勵你。跟他做事的經驗，感覺不錯。原定總統蔣經國親自頒獎，聽說身體不好，改由孫運璿院長頒授。

不過，後來回美國，我家裡遭竊，小偷竟把這塊鍍金的獎牌偷走了。反過來想，這不失為一個很好的提醒；人生如浮雲，榮辱終會消散。雖然臨事我願意全力

親共的《讀賣新聞》社長小林與三次（右）曾祕密訪台十天，後與台灣友好，來參加過雙十酒會。

以赴，但事後，應該寵辱兩忘，獎牌存與不存，應該了無罣礙。

在中國文化的社會裡，「榮譽」真的是一件奇怪的東西，它並不能引來真正的讚美。舉例說，故宮的片子最後以三小時分三集播出，轟動日本文化界，收視率創新高，但駐日代表處同事視若無睹，沒有一個人向我道賀。倒是日本朋友們大喊恭喜，為我高興。

45 跟中國打新聞戰

我到日本任職以前，日本報紙對中共發表對台政策的新聞，都以頭條處理。台灣的反應往往因政府要斟酌兩天，反駁聲明都在兩天後發表。過了兩天的反應，媒體誰還理會呢！所以，台灣的立場聲明常常被忽略不處理或放到後面的版面，而且還登得小小的。現在人可能覺得，這麼小的問題，就往上報告一聲，不就解決了嗎？問題那時就不是這樣的政府結構。政府像格列佛，漂流到小人國海邊，小人要架梯子，爬得很辛苦，才能把話傳進格列佛耳朵，格列佛的回應也要費很久時間，才能傳達進小人社會。政府的科層，層層有門，溝通非常不順暢，但公務員畏首畏尾，不敢勇於直諫來改善現狀。我在東京，很注意這個問題，老納悶台灣何必甘願挨打，何不稍移一步，就會有大不相同的光景。

一九八一年，機會來了。

先是九月初，日本新聞界不斷有謠言傳出，因為美國要出售戰機給台灣，中共又將有新的統戰聲明出爐。九月中旬，我打了一通電話到北京，此舉在當時非常大膽，與匪接觸就等於叛亂。我的同僚若知道這事，不嚇得視我如痲瘋，大概也會去參我一本。不過，我總是不願多想後果，多慮周密往往就是怯懦不前。在重要當頭，我的思考點只有該不該做，對台灣是否有利。

電話另一端是駐北京的日本記者朋友，我不用向他報名字，他就知道何許人了。然後，我請他幫我打聽一下，到底會不會發表聲明？聲明內容是什麼？

過了兩天，我再去電話。他說：「似乎有個重要聲明會出來。」我馬上打電話給《朝日》、《讀賣》、《每日》等大報社及電視台的外信部部長，都是交情夠的朋友。我請他們派記者，我要帶他們去台灣。二十九日，我組成一個十幾人的日本記者團回台北。

那個斷交的年代，很少日本記者來台灣，十幾人的記者團在當時算得上陣容龐大，又突然一大團來，必然引人側目，消息容易曝光，一露光，中共馬上就會向日本政府和媒體報社抗議。所以，我事先通知了新聞局及中央社，千萬封鎖日本記者訪台的消息。

另一方面，我也擔心日本記者到了台灣，手癢寫報導，會把行蹤曝光，第二天就安排他們去金門。許多日本記者沒有「前線」經驗，戰地金門很具吸引力。不過，到了金門才發現軍方竟然沒人能做日文簡報，英文也很彆腳，乾脆由我一個人雙語翻譯，讓日本記者很驚奇。

隔天三十日，晚上回到台北，新聞局有一個歡迎晚會。我們人到新聞局，見副局長戴瑞明及一些新聞局參謀已守在那裡，等待中共人大委員長葉劍英一發表聲明，立刻商議反駁聲明的內容。

我發現，前中廣總經理唐盼盼不屬於新聞局，但當時也在那裡，應與他和蔣孝武的密切關係有關。

一直到晚上六、七點，酒會將開始時，葉劍英的聲明發表了，也就是俗稱的「葉九條」。「葉九條」是中國和台灣兩岸關係重要的一步發展，因葉劍英宣稱共產黨和國民黨可對等談判；統一後，台灣為特別自治區，可保有軍隊；可進行通商、通郵、通航、探親等交流等九項，大約就是後來中共「一國兩制」的最初模型。我向宋楚瑜報告，反駁聲明的英文稿子不用急，西方是白天，還差十二小時。日本報社晚上十二點鐘截稿，日本記者又在這裡，日文稿子不能等。宋楚瑜、戴瑞明副局長和我三人就在酒會場外的櫃台上研擬稿子。宋局長口頭裁示說，英文稿還是要送院簽准，日文部分，他當場向日本記者說明，由我即席翻譯成日文。

隔天，日本報紙一攤開，葉劍英的聲明和宋楚瑜的反駁就同在一版。這場新聞突圍之仗打得很漂亮。

46 蔣經國要宋楚瑜多去日本

一九七八年，我第一次回國述職時，在一個公開場合見到宋楚瑜。當時他正任新聞局副局長，非常年輕，才三十五歲。我發覺他講話非常簡要清楚，幾乎沒有贅話。跟他談起在美國的新聞局業務，有種聞一知十的感覺，和他談話很輕鬆。

宋楚瑜的爸爸宋達從擔任國防部人事參謀次長起，就跟在部長蔣經國身邊，蔣當退輔會主委，宋達當他的副主委，算得上所謂的「近臣」。臍帶和裙帶關係長期是國民黨的用人標準，整個政府仿如朝廷，家天下的氣氛滯留三、四十年之久。宋達去世前，曾託考試院副院長劉季洪，多多照顧他的長子宋楚瑜，蔣經國於是刻意栽培他，先拉到身邊當總統祕書，接著放到新聞局當副局長，這個位子絕大多數公務員流血流汗一輩子都坐不到，但當時的政治環境就是這樣，大家並不意外，甚至頗以為理所當然。一九八〇年，台美斷交隔一年，宋楚瑜更迅速晉升新聞局長了。宋楚瑜深受蔣經國總統偏愛，任何人都一目了然。

蔣經國曾告訴宋楚瑜，有空多到國外看看，「去日本好好學學」。他便多次利用出國機會，在回程中拐到日本來。我駐日前後五年，宋楚瑜共來過六次。大多順道而來，但每一趟來都停留好幾天。像第一次來東京，是去巴黎的回程途中，轉到東京。

當初我只因是新聞局在日本最高的官員，所以奉命以下屬身分辦理長官交代的事。但心情上，我卻不當成長官來旅遊，陪他玩玩、看新鮮而已。我告訴自己，接待宋楚瑜是一樁嚴肅的使命。

前任新聞局局長丁懋時根本不到東京，再早之前的局長也都不重視日本，對了解日本興趣缺缺。其實不只新聞局長，依我當時的觀點，台灣年輕一輩的國民黨官員徹底了解日本的人，可以說沒有。而宋楚瑜是現代政治家裡比較正派的人，姑不論多年後，他出走另立親民黨、回頭和國民黨合作二度參選、拒絕接受二〇〇四年總統大選落敗結果，引起的種種議論，當年的我對他存有不同於別人的看法。一九七九年美麗島事件發生，當時所有政府官員，齊口痛罵是一場暴民暴動，我沒有聽到一句良心話。但宋楚瑜卻對外國記者團形容為「一個悲劇」（A tragedy），令我印象深刻，覺得他還算有民主素養，對他抱持很高的期望。

客觀情勢上，如果外省人持續當權，外省人仇視日本的傳統心態，並不利台灣與日本關係的長遠發展，而台日關係對台灣卻又是那麼重要。宋楚瑜是年輕一代外省權力人物，且已搭上接班梯隊的直升機，這樣的政治人物既想來日本，我認為可以善用機會，讓他深入了解日本。早一輩台灣人曾被日本統治，多了解日本也等於多認識台灣人，對台灣的未來一定有助益。

為了讓宋楚瑜充分了解日本，我經常安排一、兩天稍微正式的演講或會面，剩餘時間就進行參觀。所謂參觀，與觀光旅遊不同，是以比較輕鬆的方式吸收日本文化。日本各個地方，北海道的最北和九州的最南我都帶他去過，邊走邊向他解說日本近代社會如何形成、明治維新的歷史和人物、日本社會的文化等等。我也注意讓宋楚瑜看到日本的優缺點，因為目的不是教他親日，而是知日。

宋楚瑜第一次到東京，宋太太也一起來。我陪宋先生見政界、輿論界、新聞界的重要人士。內人千鶴負責陪宋太太看日本文化的諸種面向，像體會日本最具代表性的一流花道「草月流」，也親炙日本細緻文化代表之一的茶道。我們也帶他們逛亂七八糟的傳統小巷「裏街」，正反表裏的面貌都看。

初次接觸到日本的外國人，只消看日本人動不動就切腹自殺，就會有許多驚奇與訝異。日本有自己獨特的文化，且從明治維新以後，團結對抗俄國，融合西歐文明和傳統武士文化，建立近代化文明，和中國自尊自大的大國性格不同。日本國小人稠，他們敏感而細緻、周到，唯恐影響別人，叫別人難堪。譬如說，台灣咖啡廳的服務生端來水杯，可能「喀」一聲放下桌子，轉身就走。但是在日本，百分之百沒有一點聲音，似乎安靜到連一條毛巾掉落，都聽得見聲音。

日本文化裡的團體主義也是根深柢固。小孩做錯事，中國父母的反應可能把小孩關在自家房間或廁所，但日本不同，他們給小孩最恐怖的處罰夢魘是喝令小孩站到屋外。日本傳統文化有所謂的「村八分」，若違背村子的共同利益，將被逐出村外，不再隸屬原先的團體。對小孩來說，在屋外罰站無異被家人宣告「你不再是我們家庭的人」，這是最恐怖的夢魘。

我太太千鶴剛到日本公司工作，也體驗過這種日式團體主義。有一天，十幾位同事共進午餐。席中位子最高的部長禮貌問大家要吃什麼，結果，只有我太太一人認真低頭在讀菜單，想吃魚排餐。待她抬頭一看，發現人人都正襟危坐，沒有半個在看菜單。然後，只見部長點豬排特餐，全部人跟著點頭，那次午餐，全部人就都吃豬排，只有她很不自在地吃著魚排。

千鶴剛從美國社會轉進日本社會，這個經驗讓她覺得不可思議，久久難懂其中的奧妙。其實，她的難解正意謂日本文化與西方文化、個人主義與團體主義的衝突。在日本，同一場合，晚輩不能有所主張，必須悉聽尊長的決定，否則就是侵犯長輩與上位者的權力，既無禮，也破壞了團結。

全日本最難考的幼稚園是慶應大學附設幼稚園，因可保障進入慶應大學。考試有兩項，第一項考父母親，經由面談，了解其家庭教育的理念。第二項應考的五、六個五歲小孩坐一圓桌，桌上放蠟筆，教每位小朋友畫畫。老師會一旁觀察，互不相讓、爭奪蠟筆的小孩將被刷掉。其中反應出日本注重處世要給別人方便的美德。

諸如此類種種的解說與觀察，宋楚瑜都很仔細聽看，認真提出問題，令我印象深刻。一般大官考察不外哼哼哈哈，抱持到此一遊的隨便心情，急著趕赴旅館，坐下來吃一頓大餐而已。

47 旅館裡有藏姨太太的密室

宋楚瑜對日本似乎興味濃厚，有一次，我帶他下鄉到北海道，隔著納沙布岬，幾公里的距離，即可看見蘇聯的軍艦。以此來解說日俄關於北方四島主權的爭議。也到九州的鹿兒島，自然就會觸及與台灣歷史的話題。日本殖民台灣時，到台灣最多的就是鹿兒島人。鹿兒島出身的名將西鄉隆盛對明治維新居功厥偉。西南藩的武士推倒幕府，還政於天皇以後，西南各藩的武人退隱，讓大久保利通等文人掌權。後來與政府對朝鮮問題意見相左，西鄉隆盛進行兵諫，發動所謂的「西南戰爭」。西鄉的軍隊兵敗於途，西鄉本人自殺。殘餘的鹿兒島軍人即跑到台灣花蓮，據說圖謀反攻日本本土。所以，花蓮人有許多是鹿兒島人的第三代、第四代。

我敢講，當時政府官員中了解日本的，宋楚瑜是第一。舉一個例子，很少人知道日本明治維新從山口縣北方一個小港「萩」開始。宋第二次來日本，我就帶他到「萩」。

幕末的精神導師「吉田松陰」即出生於萩，我安排宋先生到這個很少台灣觀光客的小港市，告訴他吉田松陰的故事。吉田在家鄉設義塾，教授學生新知識，鼓吹尊王論，是最早主張打倒幕府的兩人之一。吉田最後慘遭德川幕府砍頭，那一年，他才三十歲。行刑前，吉田松陰吟了一首詩：

「吾今為國死，死不負君親。

悠悠天地事，鑑照在明神。」

後來掀起的明治維新巨濤，基本幹部多人出身吉田的「松下村塾」，包括高杉晉作、木戶孝允、伊藤博文、山縣有朋、久坂玄端、品川彌二郎等人。多位總理也出身於吉田門下，近代日本的現代化與吉田松陰的關係無法切斷。

我見宋楚瑜仔細觀察吉田的銅像，很感懷松陰的精神，吉田短暫而輝煌的人生深深感動他。

為了要了解戰後日本對戰爭觀念的改變，我們也到了廣島原爆點。這個悲劇死了幾十萬日本人，但日本發動戰爭，讓更多的中國人和亞洲人無辜犧牲，日本一直不願反省。多少日本人是接到政府的「赤紙」而上戰場，為天皇而戰，但戰後昭和天皇不僅保住皇位，對這些犧牲者的遺族沒有正式道歉過。在在顯示日本人多麼要面子。到現在還有很多人把二次世界大戰歸因於英美和日本的利益起衝突，而不認為軍國主義是始作俑者。

宋楚瑜見識了日本的各個層面和面向。有一次，在東京看見一支招牌上寫「法曹會館」，他問那是什麼？他知道是「律師」之意，而「法曹」一詞係出自中國古文時，他發現日本除了歷史教科書強調的帝國主義之外，還有許多中國文化和精神留在日本，他開始喜歡了解日本，也大量閱讀有關日本的書籍。

幾年前，李登輝總統很吃驚，問宋楚瑜說：「你怎麼懂日本這麼多？」宋楚瑜回答說：「我有一位很好的老師。」我覺得，宋楚瑜不懂日文，也不能說知道所有日本的形形色色，但他了解日本的真髓。

宋楚瑜也真的對日本文化和敬業精神感興趣，有一次他跟我開玩笑說：「其實我很願意來做副代表，在日本磨練、磨練。」

我也帶宋楚瑜認識日本中央和地方的新聞界，做新聞外交。

日本報業可簡分為中央報和地方報，大的中央報依序為《讀賣新聞》、《朝日新聞》、《每日新聞》、《日本產經新聞》，屬於全國性報紙。多不勝數的地方報中，知名的有十幾家，其中又以仙台的《河北新報》享有聲譽。普通日本人家裡一定訂地方報，而知識分子則訂兩份報，一中央報，一地方報。地方報的重要不言可喻，我就特別安排訪問著名的全日本地方報紙龍頭《河北新報》。

《河北新報》社長一力一夫是華族（日本貴族）後裔，他愛書道，我們常聊美術的動態新聞與知識，因而建立深厚的情誼。我請他代為安排住宿日本式旅館，讓宋楚瑜體會日本風的居住文化。

等我與宋楚瑜及兩位同事四人抵達仙台時，踏進宋先生下榻的房間，大家嚇得瞠目結舌，那種豪華讓我有陪著美國總統來的錯覺。所有設備都用第一流的牌子，連拖鞋都用皮爾卡登。所謂的房間，不只「一間」房間，而是三間；一間主臥室、一間客廳，還有一個佔五、六坪大的祕室。未經特別指導，根本窺不出進密室的門在哪裡。這家溫泉旅館叫「佐堪」，位在日本奧州三大古湯之一的秋保溫泉區，這個溫泉區原為戰國時代獨眼名將伊達政宗的「湯所」。如果有地位的人帶姨太太出遊，又不讓訪客知道，就可以把姨太太藏到密室。

房間又大又氣派，好則好矣，大家卻滿沉重，擔心住宿費怎麼付。另外兩位同事白著臉問我：「張處長，怎麼辦？這個不得了，不知道要多少錢？預算恐怕付不起。」宋楚瑜也忍不住，焦急問我：「超英，到底多少錢？」我說：「一力一夫社長代訂了，怎麼樣也不能退。新聞局長代表政府，吃毒藥也要吃進去，大不了我來付。」

白天，一力一夫社長安排我們和仙台市的名流會面晤談，有酒席，也有日本正統舞蹈。晚上住在大房間裡，心底很不踏實，我已有自掏腰包的打算。結果，過了兩晚，要退房間付住宿費時，旅館說，一力一夫社長已付過。我真鬆了一口氣，一方面很感激一力社長的盛情。

除了與地方報人建立關係，仙台本身是中國和日本文化交流的起點。日本佛教屬大乘佛教，日本和尚被派到中國，又派到西藏，又到印度，再回日本研究出自己的大乘佛教。仙台即大乘佛教發祥地。日本三大景之一的仙台松島，海邊有許多迷你小島，島上有許多山洞，很多和尚就隱居在這些山洞參禪。

另一次到日訪遊，主題設定在讓宋楚瑜認識「政治家」。日本的「政治家」和中文所說的政治家不盡相同，日本的政治人物，像是國會議員，就稱為政治家。

當時，我已經預見熊本縣出身的細川護熙早晚要當首相。細川家族雄霸九州已經幾百年，以九州肥後細川藩聞名史上。熊本即因細川家族在此地建立「城下町」而繁榮。細川家的高第風範也展現在其姻親網上。護熙的外公近衛文麿戰前兩度擔任總理大臣，護熙的弟弟出養給近衛家，改名近衛忠煇。忠煇娶昭和天皇弟弟三笠宮崇仁親王的女兒，因此，細川護熙跟天皇也是姻戚。

細川護熙從一九八三年起任熊本縣的縣知事，大約等於是「省長」。我們到訪時，正是他縣知事任上。原定相見當天，細川因要公飛往東京，由細川夫人和縣府高層官員出面接待參觀熊本城。城內行路多礫石，內人千鶴不小心摔了一跤。談不上傷害，就只是摔了一下，不妨礙走路，但當晚細川夫人非常周到，派祕書帶花來道歉，表達「因為我們路做得不

一九八三年《讀賣新聞》小林社長與日本電視高木社長宴請新聞局長宋楚瑜。宋楚瑜兩側分別是駐日副代表林金莖和張超英。

好，讓您受傷，非常抱歉」的意思。

隔天我們前往細川家建立的水前寺成趣園。成趣園取名自中國陶淵明的〈歸去來辭〉中的一段，「園日涉以成趣，門雖設而常關。策扶老以流憩，時矯首而遐觀。雲無心以出岫，鳥倦飛而知還。景翳翳以將入，撫孤松而盤桓。」公園裡造了東京到九州沿途會見到的奇景。幕府時代，幕府將軍為控制地方勢力的各藩，藩主必須上京「參勤交代」，三年留京，三年返鄉，太太和小孩必須留在東京當人質。返鄉路上必然百感交集，公園造沿途景致，其實也記下諸般複雜的歸鄉心情。園內建有「出水神社」，祭祀細川歷代祖先，神社的主持人還出來為我們表演驅邪的儀式。

雖然未與細川本人見著，但細川夫人說一口流利的英語，和宋楚瑜夫婦溝通毫無困難，雙方交談融洽。事後我建議宋楚瑜，細川家族從第一代細川藤孝開始，到十八代的細川護熙，歷代家主都文武雙全，對漢文深有研究，將來可考慮送細川護熙《四庫全書》。沒想到宋楚瑜當了國民黨祕書長，還記得這件事，果真送細川一套《四庫全書》，記憶力真有過人之處。據我所知，一九九三年細川當上首相，宋楚瑜時任省主席，也曾打賀電去。

這麼多次陪宋楚瑜非官式的參訪日本下來，我們夫婦和宋楚瑜夫婦逐漸變成好朋友。最主要是走行程時，火車上一坐就幾個鐘頭，不受招待時的空檔，我們也一定四個人同桌吃飯，有許多時間聊天。宋楚瑜是工作狂，晚上回旅館，如果九點多梳洗完畢，他還會跑過來敲我們房門，繼續聊天，直到十一點多，隔天六點又可以整裝出發。我們彼此的話題多而廣，自然變成朋友，慢慢不大像長官部屬。

以後，我也不太把他當頂頭上司看，常常大膽建議。其中記憶比較深的有兩件事。我當他的面建議，不要怕開放探親。我說，我相信百分之九十九去大陸的人會再回台灣，反而能安定民心。老關起門來，不讓百姓了解對岸現況，他們更會莫名的懷念祖國。

我告訴宋楚瑜，台灣已經進入工業社會，換言之，二十四小時有人在工作，應該提供相當的娛樂場所。日本人就很聰明，開發柏青哥和保齡球，讓各類工作的人們有宣洩壓力的地方可去，社會的犯罪率自然不會增加。宋楚瑜就問我：「什麼是Pachinko?」我很難紙上解釋，就帶宋楚瑜夫婦去柏青哥體會一下鋼珠刷刷滾動的嘈雜聲。

宋太太也變得非常喜愛日本，對日本的事物抱著很高的觀察與了解的興趣。前經濟部長李國鼎一九八二年訪問日本，我安排他去東京外國記者俱樂部談台灣經濟。會後，李國鼎告訴我，「看日本電視劇才能看見真正的中華文化」，對當時國民黨搞中華文化復興運動頗為反感，他很直率地要我反映給新聞局上層，說日本連續劇才是中華文化的縮影，那才是真正的中華文化的教育。我真的把話告訴宋太太，她也真的開始看日本連續劇。

宋太太看日劇多了，覺得看字幕總隔了一層，於是動了學日文的念頭。她因此請了一位嫁給台灣人的日本太太上日文課。學了很多年後，已經可以聽懂多數的日文對話。見到我太太時，都忍不住要秀幾句日語。

宋楚瑜和陳萬水夫婦與我夫婦維持二十年深刻的君子之交，我們每年回台灣，住進來來飯店，他也會抽空過來聊天。

二〇〇〇年，他角逐總統大選失敗之初，曾到美國散心。他到那天正是陳水扁就職典禮當天，我太太到甘迺迪機場，見面第一句就質問宋楚瑜：「你怎麼今天來!?」我太太認為他應該參加陳水扁的就職典禮，才有風度。

之後我們到紐約看百老匯的秀。看完表演，我請他們夫婦和他弟弟夫婦到紐約四十四街靠近第五大道的哈佛大學俱樂部吃飯。記得餐桌上，我還很天真，半安慰半開玩笑對他說：「輸掉選舉，比較有空。」宋楚瑜無言望著我的表情，彷彿在說：「What are you talking about!!」事後想起來，可能我並不完全了解宋楚瑜。

多年來，宋楚瑜深知我們夫婦心繫台灣，也跟台獨人士往來，但我從沒感覺這樣的背景帶給他困擾，他常說，「我知道你們很台獨。」相反的，他常常有諸種表示，讓我覺得他跟我們站在同一邊，至少不是站在統派那邊。

新黨成立以後，宋楚瑜在我面前強調，「超英，到目前為止，我沒有跟新黨的人接觸。」而且，他不只一次說：「如果所有台灣人贊成台獨的話，我也贊成台獨啊！」我一直相信他對台灣存有真心，真心融入此地，要做真正的台灣人。

但二〇〇三年二月，宋楚瑜正式宣布和連戰搭檔競選後，我在美國看到報上說，他「堅決反對台獨」、「堅決護衛中華民國」、「堅決捍衛中華民國憲法」，我和千鶴都愣住了，兩張臉互相問：「這是我們認識的宋楚瑜嗎？」

幾十年來，我一直期待宋楚瑜以他的外省背景、他對台灣的胸懷和他在政壇的地位與實力，能夠擔任台灣內部本、外省人的橋梁，但是，二〇〇三年以後，我開始覺得失望，想來頗為無奈。

上圖：宋楚瑜太太陳萬水（左）和南僑化工董事長陳飛龍太太（中）到紐約家中，她們和顏千鶴都是好朋友。

下圖：宋楚瑜（右一）二〇〇〇年總統大選敗選後赴美，張超英邀宴他與他弟弟夫婦（右二、三）於哈佛大學俱樂部。

'97 1'3

48 安排宋楚瑜巧遇日本首相

宋楚瑜自上任新聞局長以來，多次到東京，由我安排行程，遊學日本文化歷史等等一切，他似乎很滿意，一九八四年夏天，打電話給我：「超英，我要到東京來。」我說：「很好，歡迎你。」他又說了一句：「我可不可以見到Number one？」我嚇了一跳，直覺「啊!?」了一聲。宋楚瑜卻以為我沒聽清楚，又重複一次：「Number one啦！」我回過神，跟他說：「這個我沒有把握。」他才又說：「也無所謂啦！不要勉強，可以的話就可以……」

電話掛斷，我煩惱隨之開始。宋楚瑜的意思，希望能見到日本總理中曾根康弘，但這幾乎是不可能的任務，因為連台灣的外交部長、駐日代表都見不到日本內閣大臣，何況是總理。我心裡苦笑，不知道為什麼宋楚瑜會覺得我可能安排見到日本總理？在此之前，我沒有安排過他和日本高官見面，因為這不是新聞局長活動的範圍。

但我還是進行心理武裝，勉勵自己，字典不准有「不可能」這幾個字。然後，深深吸一口氣，我立刻打電話找一個位居重要媒體副龍頭的朋友，也就是讀賣集團的「日本電視」公司副社長氏家齊一郎。他和中曾根有私交，曾經請中曾根為他兒子命名，所以中曾根當上總理時，幽默對氏家說：「我對得起你的兒子了。」

我向氏家齊一郎遊說了一串理由：「實際上，我不覺得日本和台灣的關係非常好。日本並沒有強烈企圖要了解台灣，一心只看中國；但是，台灣對日本有重要地位。日本船貨物百分之六十要途經台灣海峽，一半的飛機需經台灣上空。台灣方面也有不好，為了抗日戰爭八年，有反日情結，高層政府官員也仇日。到這個時候，要補救這個關係，我自覺身負拉近台日關係的義務。而宋楚瑜先生將來會領導台灣，我希望他了解日本。宋先生在一篇文章中，也提過中曾根的理念……」氏家副社長並沒有立即答應安排雙方見面，他只說，還要想一想。我最後刻意強調：「假如不行，我也不會介意。但是兩國關係不是我們兩個私人的問題。」

再過一個禮拜，宋楚瑜就要抵達東京了，事情卻毫無進展。我向馬樹禮代表報告說：「宋局長想見中曾根首相。」馬樹禮似乎覺得我們是小孩玩大車，冷眼等著看我們開船去撞冰山，他說：「你可以試試。」

不久，氏家副社長回報好消息：「好了，可以見面。但總理後面隨時跟著好幾十位記者，如何擺脫記者，不叫記者跟蹤。得知總理私會台灣官員，只有一個辦法。過幾天在輕井澤，中曾根要召開黨幹部會議，會議結束後隔天早上，安排打高爾夫球，只有進了球場，記者才不會跟進去。」氏家繼續說明細部計畫：「中曾根預訂在九點半進場，我們九點鐘提前進球場，記者不會查覺。第九洞處有個茶室，在那裡，我們假裝不巧遇見中曾根。」

決定好之後，我們的心情上上下下。預定會見中曾根的前一天，我們先下榻輕井澤。很不幸，當地下雨不停，已經連續一個禮拜，如果情況不變，中曾根無法打球，會面的機會也將被雨一併帶走。

前一晚，氏家副社長、宋楚瑜和我三對夫婦在王子飯店共進晚餐。望著屋簷滴滴不停的雨珠，大家心情都有點悶，早早便就寢了。

隔天一早，推開門窗，彷彿天助，竟然陽光普照，再好不過的天氣，一掃昨夜的陰霾，大家笑顏逐開，依預定計畫出門了。氏家、宋先生和我三人進場打球，到第九洞的茶室休息，中曾根果然翩然駕到，「不巧遇見」我們，彼此聊了半小時，大家顯得很愉快。依預定的劇本，我們必須先離開茶室，不過，中曾根突然提議一起拍照留念，大出我意料之外。

離開第九洞，氏家和宋楚瑜繼續快樂打球，我卻已無意在碧草如茵的球場流連。我全心看護手上的照相機，從來沒有拿過這麼重的相機。一直到相片沖洗出來，確定照片清晰完好，才放下一顆懸在半空中的心。

49

如櫻花灑落瞬間飄離

成功安排宋楚瑜見到日本首相中曾根康弘，加上開拓了台灣和《讀賣新聞》、《朝日新聞》的關係，東京外交圈似乎不少人開始睜大眼睛看我。《讀賣新聞》資深記者戶張東夫曾說，以後如果他寫台日關係發展史，一定要專門一章寫「張超英時代」。不只如此，日本內閣調查室長官也請我在東京青山區的日式高級餐廳吃飯。內閣調查室長官相當美國聯邦調查局局長，他非常驚奇我在日本開拓的各項工作，想了解我是何方神聖。

表面看起來，駐日外交團隊完成難得的任務，值得鼓勵。但宋楚瑜見中曾根事後，馬樹禮代表不曾對我說過一句什麼，讚許沒有，責罵沒有，酸語也無。新聞局長能見到日本總理，駐日大使反而見不到，這種窘境勢必教馬樹禮難堪。但我也有安排上的苦衷。我們對中曾根承諾絕不洩密，若馬代表在場，就多一分風險，萬一消息走漏，後遺症至為嚴重，中曾根的首相位子可能丟掉。

平時我對馬樹禮，有尊重卻不願刻意討好。每次他去台北、回東京，代表處所有單位主管一定去飛機場迎送，唯獨我次次缺席。

女立委許張愛簾是我從小就認識的朋友，有一次，她打電話給我太太，劈頭就罵：「超英到哪裡去？他不懂得做官！做官不是這樣做的。」原來她在來東京的飛機上遇見馬樹禮。她想，一定可以在機場遇見我。豈知一下飛機，所有組長全員到齊，獨缺我一人，所以，她一到旅館，馬上好意來責備。

我當然知道逢迎的為官之道，但我有太多工作需要去做。馬樹禮又經常返國述職，我哪來那麼多時間奔波與公務無關的送往迎來。只有一回，馬樹禮返台開刀，基於對長官病中的關懷，我才破例去接過一次。

平時不犯大錯，我這種作風還能生存，但宋楚瑜見中曾根事後，就感覺到一股因樹大招來的陰風，有逼得人非離開不可的態勢。

另外，我阻斷了《產經新聞》和政府關係的絕對優勢，反彈的力量擺明要吞噬我。《產經新聞》駐台特派員林慧兒待在台灣很長時間，與國民黨大官關係良好。有一陣子，他跟蔣家親信秦孝儀等人說：「日本的《朝日新聞》和《讀賣新聞》都是共產黨，所以，最好不要准許他們進來，沒有好處。」因此，有一次我回台北，特地請他在仁愛路的財神酒店吃飯。我很嚴正勸告他：「我在日本，聽說你講了這個話，希望你不要這麼做，這樣違反記者的公德。……你真的相信《朝日》和《讀賣》真的是共產黨嗎？雖然他們兩報紙親共，但不能因此說他們是共產黨！」他聽了很不高興，兩人還起了口角。

張超英（左）對長官、駐日代表馬樹禮（中）尊重卻不討好。

事後，產經新聞集團的頭頭鹿內信隆去跟馬樹禮說：「聽說你們的新聞處長非常輕視《產經》，他說《產經》不重要，對《產經》記者不友善。」馬樹禮因此警告過我。有一次在東京的酒會，中央黨部副祕書長陳履安告訴我：「超英，有人還是那樣，你還是小心一點。」不但如此，我回台灣，也承受不少壓力。秦孝儀也當面跟我說：「交新朋友非常重要，但對舊朋友也要平行重視。」

我與《產經》沒有私人恩怨，不會故意和他們對立。依我的良知判斷，國家利益在前，不能老鎖在固有的感情裡，否則只有死路一條。我的態度是寧願切斷和《產經》的關係，也要拓展日本三大報的溝通管道。

嚴格說，我在日本做得很順手，也頗有成就，照理新聞局不會刻意調我職。但是，最後的半年，先有宋楚瑜局長迂迴問我：「你和馬代表好不好？」之後，又打電話來問：「要不要去省府擔任新聞處長？」我以不適合國內工作婉拒。最後真的沒辦法了，宋先生還派祕書問我：「到底要去哪裡？有幾個位子，你要不要？那麼多好位子，你

為什麼不要？」副局長戴瑞明也打電話給我，希望我到美國西岸，說我一定能做很多事。

日本人認為櫻花最美，因為櫻花是在盛開時節，春風一吹，便散落如雨，生命結束得又快又乾淨俐落。我想，能在無邦交的日本國，與行政最高首長建立關係，又在短短不到五年使新聞關係正常化，駐外新聞單位再好的成就已不可能，我想該如櫻花，在頂峰時離去。

母親早逝，我對親情眷戀更深。我的三個小孩在六歲、四歲、兩歲去美國，在那裡受教育，儼然已如美國人，不可能再回到亞洲。我兩個女兒此時快大學畢業，在女兒結婚以前，猜想還有兩、三年的共處時光。另外，我看新聞局退休的職員，多沒經濟基礎，退休生活很清苦。我當時才五十二歲，我想自己還有力氣去闖闖第二事業。所以，最後還是決心辭職回紐約。

要離開日本前，發生兩件插曲。日本外務省主管台灣事務的官員告訴我：「事實上，你來日本，我們很『迷惑』。」日文的「迷惑」意指「帶給別人麻煩」。他又說：「可是，從你國家的立場來說，你很偉大。」

另外，鍾振宏接替我的位子，重做馮婦，再度回任駐日新聞處處長。馬樹禮希望我能幫忙鍾振宏，介紹認識各大媒體的記者。我就安排《朝日》、《讀賣》、《每日》、ＮＨＫ的國際部部長在聘珍樓吃中國菜，馬樹禮做主人。席間，《朝日》的外信部部長白井健策質問馬樹禮：「馬代表，有個事想請教，是不是貴國的政策改變，對日本不再重視嗎？」馬樹禮答說：「沒有，我們很重視日本關係。」白井健策接著問：「為什麼在這個重要的時刻，把這個重要的張先生換走？」通常日本人不會話說得這麼直接，白井的直言，讓馬樹禮一時也不知道如何回答。

五十二歲那年，我就從新聞局退休，回到紐約。我可以了解宋楚瑜在感情上對我多少有點歉意，但他自己也同時離開新聞局，轉任國民黨文工會主任了。不久，有一回參加白宮早餐祈禱會，他特別從華盛頓飛來紐約看我，詢問我有什麼工作意願？我回他：「沒有，謝謝。」他也表示關心，問我們是否都好，就像很好的朋友互相關懷。

50 回紐約當錄影公司老闆

一九八五年，我重返睽違五年的紐約。但紐約不再是我公務的城市，我開始隨著紐約街頭繁忙的人群，投入自己的事業。

之前在紐約，我因熟悉電影製作，在紐約的電視新聞圈有些人脈，曾和一位愛爾蘭裔叫Jimmy Gaffney的朋友，合夥經營一家影片和錄影帶剪接的後製公司「RG Video」。Jimmy比我大十來歲，早年屬美軍的攝影隊，知名的曼哈頓計畫原子彈試爆紀錄影片，就由他做剪接後製工作。

RG Video的前身為「Ross Gaffney」，在紐約影界頗負盛名，是Jimmy Gaffney和Ross合夥的剪接公司，取兩人姓氏的前一個字母組成RG。Ross曾入圍奧斯卡金像獎剪接類，所以公司在紐約電影圈頗為知名。一九七八年，Ross退休定居佛羅里達州，我就跟Jimmy建議，影片很快會被錄影帶取代，應該轉做錄影帶剪接。Jimmy皺眉說他不懂錄影帶，我告訴他：「沒問題，我還算有跟上潮流的步調，我們兩個人來試試。」於是我們各自出資兩萬五千美元，合共五萬元，經營RG Video。

當時兩萬五可以在紐約買到一個簡單的公寓，以我在紐約工作的積蓄，實際上

RG Video的合夥人Jimmy Gaffney(右)早年屬美軍攝影隊。

並沒有這筆資金。只是在此之前，剛好外祖父甘得中遺留的一塊地被徵收，換得一筆錢，阿姨來信問我擁有的一份該怎麼處理。我想那原屬媽媽的財產，捐給她的母校彰化女中最有意義。彰女據說沒有游泳池，我就主張捐建一座游泳池。阿姨跟彰女校長表示捐贈的意思，校長很高興，但很快發現學校無力籌措後續的水電等維護費，不敢接受。恰好這時動了投資RG Video的念頭，我就請阿姨幫忙把錢匯過來。

我和Jimmy把五萬美金全放進買最新的錄影機器和相關設備，主要買了兩部新力牌BVU800型的錄影機。開張沒多久，就遇上一九七九年十一月發生的伊朗學生占據美國大使館、劫持五十二名人質的重大事件，CBS新聞部緊急跟我們租借前往伊朗。租金以一週一千五百元計算。一開始，誰也沒預料到伊朗事件會拖延那麼久，無法解決，並導致一九八〇年十一月卡特總統輸掉大選，敗給雷根。我們的機器意外待在伊朗一年半，讓新公司進帳十萬元左右。等伊朗事件的新聞戰熱熱鬧鬧打完，錄影機器終於送

回來，雖然其中一部機器裡竟夾帶了一隻伊朗死老鼠，仍無法減損我們內心的感激。

充滿意外的開始來得沒多久，一九八〇年元月，我就轉調東京，離開紐約五年。這五年之間，RG Video 全委由Jimmy經營，他對錄影帶外行，所以多做本行的影片剪接。公司進展平穩，但變化不大，位於紐約中城第五大道旁的四十六街工作室，員工一直只有兩人。

一九八五年，我卸下公職，回到紐約，就從原來的投資股東變成實際執行經營的老闆。當時日本經濟大好，日本人千里迢迢把機器跟人員搬過太平洋、橫越北美大陸，絡繹不絕到紐約拍製紀錄片。我就跟他們做生意，把機器準備好，他們到紐約，只需人來就好，省去許多麻煩。RG因此生意日盛，職員擴充到八人，後來又搬到麥迪遜大道的大樓，租下六樓整層，職員增加到十幾個人。

當時亞洲人在這塊商業領地發展的只有我一個人，在台灣人社會，我應該也是第一個進入這個領域的。但我未抱謀利的念頭，而Jimmy抱獨身主義，工作純為興趣，也不以利

為重，所以一開始，我們就很有默契，決定公司每年若有賺錢，賺的錢都全數投入更新機器設備上，以維持領先的地位，追上科技翻新的步調。這一行的機器，年年推陳出新，約兩年舊型就會完全被淘汰，我每年因而總有一段時間，必須參加全美攝影器材商展，找出未來可能的主流機器，買回紐約。

張超英把錄影後製公司賺的錢再投入設備更新上。

51 特殊職員陳文茜

表面上，我一直有本職，先是在紐約新聞處和東京新聞處當公務員，現在又經營一家影視後製公司，但在我心裡，毋寧說，為台灣和台灣人做點事才是我心底真正認同的本業，那些工作反倒像副業了。

當時，若有台灣年輕人喜歡影視製作，想學習，想研究，或想找工作，找上我，我一律歡迎，來者不拒。像謝長廷的助理劉意如，還有負責黨外文宣的黃明川；他從美西來紐約，黃太太就在我那裡上班。

有一年，台灣同鄉會紐約市支部的負責人黃再添打一通電話來，說是黨外雜誌有一位年輕編輯小姐要學電視製作。這位年輕小姐就是現在有名的陳文茜。她在我的公司半年，我初始印象跟多數人一樣，覺得她真的聰明，跟我簡報台灣的政情，條理清楚，令我印象深刻。

陳文茜上班，偶爾遲到，偶爾請假未到，跟一般同事作風不一樣。哪一天她指尖輕掐著一朵玫瑰花走進辦公室，八九她那天又遲到了。陳文茜那時抽菸斗，一下子說身體不好，一下子說肝不好，讓人不忍苛責。過不久，黃再添先生又來請託，不要讓她太勞累。最後，我只得乾脆薪水照付，上下班隨她自由。

半年過去，原本我叫她看黃彰輝牧師的紀錄片毛帶，學著剪接，最後，她卻把帶子丟回來，還告訴我：「這東西太爛了，我沒辦法剪。」我覺得她有以柔弱面具搏得有利情勢的特殊能力。

第二次再見陳文茜，已是一九九〇年施明德出獄以後的事。施明德第一次到紐約，台灣同鄉會舉辦「歡迎施明德晚會」，找上我幫忙拍紀錄影帶，要寄回台灣運用。陳文茜擔任晚會朗詩，我們因此再見。老實說，當時我有點驚訝，陳文茜盛裝，穿著禮服，豐滿很多，她跟我打招呼：「C.Y.，好不好？」我都快不認識了。

民進黨於一九八六年創黨，之前，反對人士統稱為「黨外」。黨外時期，反對運動不搞武力革命，宣傳變成最主要的武器。如果沒有文字或影像，把反對的活動傳遞出去，活動本身幾乎毫無力量可言。而影像的感染力量又強過文字，影像中的錄影又強過無聲的相片。

在每一個大型的造勢大會，每一個競選演講場子，乃至於把反對運動理念傳送到家戶，都需要錄影資料帶，在現場播放，溫熱氣氛，或販賣影帶，募得競選資金。把台灣內部的活動拍製成錄影帶，流程如何，我不清楚，但是在紐約部分，全由我的公司與人員支應，幫忙攝影，做成錄影帶。

記憶比較深的紀錄影帶有幾個。最早是一九八九年，現任立委蔡同榮當時是

FAPA（台灣人公共事務協會）會長在紐約主辦「民主聖火長跑」，呼籲全民直選，萬年立委和國代退職。我答應蔡同榮，無償拍出一小時的紀錄片。我記得該活動從自由女神跑到華盛頓特區，當時還在黨外的外省籍大老費希平也來紐約參加。千鶴後來說，她注意到最後呼口號時，「民主萬歲」、「自由萬歲」，費希平都高舉右臂，但最後一句「台灣獨立萬歲」，他就保持沉默了。這樣的側影似乎預告了他後來必然要和民進黨分道揚鑣。

另外，現任高雄市議員陳英燦在民視當主播「講新聞」之前，長期在紐約，跟我們同一教會。我找他當訪員，訪問彭明敏、呂秀蓮、蔡同榮和許信良等幾位在美國活動的重要政治人士，做成錄影帶，打算寄回台灣播放。這次接觸，我發現政治人物作風非常不同。

跟他們約訪談地點，蔡同榮約在家裡，彭明敏約在紐約同鄉會會長楊黃美幸家裡，現任副總統呂秀蓮就不一樣了。我們一隊人馬開車抵達波士頓，她馬上要大家前往「Bunker Hill」，這裡矗立著高聳的美國獨立戰爭紀念碑。然後，呂秀蓮就在紀念碑前像衛士一般左右來回走，邊走邊談她對台灣民主理想的追求。老實說，我當下有點震驚，看得出來她事前有充分準備，對自己如何入鏡，也有一套自己的計畫。

彭明敏則另一風格。站在拍攝紀錄片的立場，都想多提問各類問題，激發出受訪者表現更豐富的內容。但彭明敏多少有少爺脾氣，講話簡單扼要，他想說的說完，就對鏡頭沒興趣了，對我們無止境似的提問，顯得有點不耐煩，忍不住說：「好了吧……？」

許信良的訪談最後未剪入，因為他的口齒非常不清晰。許信良參選總統前，特別是擔任民進黨主席和在美國時期，政治記者和觀察家多認定他有權謀，有政治頭腦。但我從媒體表演的角度看見的許信良，這方面能力有待加強。或許可以這麼說，如果許信良談話再清楚一些，魅力得以擴及群眾，他的政治生命可能會有另一番風景。

52 賭城贏BMW百萬跑車

我在紐約經營錄影帶後製公司，每年都會去參加「全美廣播協會」（NBA）的器材展，以追上這方面硬體的進步。攝影器材展每年地點不同，有時休士頓，有時舊金山，但有一年選在拉斯維加斯舉辦後，參與者都覺得棒透了，參觀新進器材之餘，還可以去賭場玩。從此以後，每年都改到賭城召開商展。我開始嘗試吃角子老虎，幾乎賠得多，但是，最後終於讓我碰上好運。

公司收掉後，我還是去拉斯維加斯，因為從一九九八年退休後，我身體漸漸虛弱，走路幾分鐘都要氣喘如牛。有個住拉斯維加斯的親戚，專門包製印著賭城標誌的T恤襯衫，批給旅館賭場，再賣給觀光客，這個生意他佔了一大半市場，非常富裕。他告訴我，有個美國財閥鉅子罹患癌症，被判活不過一年，卻從台灣延請來中醫，結果腫瘤不再發，他建議找這位中醫生試試。我們家從不看中醫，但西醫對我病弱的處方只有吃藥，而且必須吃一輩子的藥，我想試試中醫也好，就飛去拉斯維加斯兩個禮拜。

初到那天，從下飛機，到機場搭計程車的地方，我大約走走停停十次之多，體力非常差。但經過兩個禮拜，每天吃中醫煎好的藥，回去時，只需停四次，情況大有改善。於是，回紐約吃藥粉藥丸三、四個月後，再去拉斯維加斯複診。

前幾次到賭城，從旅館房間走到賭場，要休息五、六次，真坐定，打不到五分鐘，就耐不住坐，必須回房間躺下來。太太安慰我說，不能賭也好，老是輸錢，不賭可以省一點錢。

二〇〇三年十月那次去就不一樣了。我和女婿一起從紐約飛拉斯維加斯，準備十七日一起再看醫生。那天中醫診畢，距離晚餐預定時間還有三十分鐘。餐廳前恰巧有賭場，面前還擺了一部跑車，我心有點癢，想去打一下吃角子老虎。太太有點累，留在旅館房內，我和女婿並肩下場。時間不多，我只花二十元換了四十個銅幣。

玩不久，換到第三部機器，突然看見螢幕上跑出三連的Joker，一時我還無法會意過來，轉頭問旁座的女婿：「What is this?」他也很妙，淡淡說：「I think you won a car.」當下的剎那，我們都不敢相信幸運之神會找上門。常玩吃角子老虎就知道，要出現一個「7」已經不容易，Joker更難得一見，而這次一下子三連Joker一起來。

女婿趕緊打電話給我太太說：「Mommy, we won a car.」我太太誤聽為「You want a car?」她就說：「May is coming to pick me up. Don't worry.」我太太以為女婿要找部車來接她，回他說她的親戚May會去接云云，一時有點雞同鴨講，女婿只好再大聲喊「W、O、N」，是我們贏了一部車子。我太太還是不相信，以為這是叫她起床的招術，還回他一句：「No kidding!」整個賭城贏車記最趣味的回憶，不在於手氣多好，而是我太太一直不相信的反應。

五分鐘後，太太到餐廳，看前面賭場圍了一大群人，還丈二金剛，摸不清怎麼回事。May還在喃喃納悶：「誰中了大獎？」我太太才恍然大悟：「咦！我女婿剛才好像跟我說，他們贏了一部車！」

那部車價值快五萬，約台幣一百五十萬，但在台灣，這種款型的BMW Z4兩門跑車要賣到兩、三百萬。

賭場問我要車或要錢。家裡人意見基本上男女有別，我和女婿要車，太太和女兒主張換錢。太太考慮冬雪即將要來，把車從拉斯維加斯開回紐約是一大麻煩，必須先開到德州過冬，等夏天再開回紐約。另外，單單來來去去的旅費、保險費和牌照費，就要一萬美元，所以我太太極力反對。但我愛車，還是想要車。新年過後，辦保險時，發現是前一年分的車款，想想拿錢到紐約就可以買到新年分的，何必勞師動眾，費那麼大周章，才甘心放棄。

53 五十九歲學開小飛機

在紐約經營公司的八年間，公餘過得頗為愜意。最得意的是五十九歲那一年，學會駕駛小飛機。

我從小喜歡玩汽車，十五歲就會開車，還開過蔣介石放在我家的座車。對飛機，當然也很嚮往。年輕時在台灣，曾跟朋友說，我這輩子大概跟飛機無緣了，頂多是一個乘坐者，不是飛機神勇的操控者。催促我達成夢想，回想起來，非好好答謝好友何建廷不可。

何建廷出身永豐餘集團何家，和現任董事長何壽川是堂兄弟，和我一樣出身日本人念的小學校。我們在成人前的生活和求學經驗很相似，成長於富裕家庭，戰前住過上海，戰後到日本留學。他也喜歡玩車、照相、錄影這類休閒興趣。

有一天，何建廷來我麻州的別墅，湊過身來，雖然壓低聲音，好像捨不得講祕密，卻又難掩得意，恨不得教我早一秒知道似的。「我有這個，你沒有吧！？」我一看，他掌上有一張日文證件。他又說：「我可以開飛機了！」剎那間，我真的很羨慕他。但仔細再讀，原來可以開的不是真飛機，而是模型飛機。我的羨慕一時只

上圖：在美國麻州學開飛機，需要至少五十小時的訓練飛行，考試時要能單飛三點。
左圖：抱著孫子去開小飛機，最是得意快活。

剩佩服了。在日本，操縱模型飛機需要考試，這也很不容易。

建廷離開後，我的心老望著天空發癢。我麻州住家附近，有一座飛行教練場，有一天忍不住開車挨近過去探探。我第一個問題是「我可以學開飛機嗎？」一位教練走過來點頭，並帶我和太太飛上去。在空中俯瞰，我的別墅就在腳下。然後再換另一種角度，飛到附近的湖泊和小丘上空。搭小飛機和平日坐噴射客機，直衝入雲霄，在雲上的飛行大異其趣，非常曼妙。教練又說，學開小飛機，不受年齡限制，只要眼明耳聰，沒有嚴重的心臟病就可以，我就當場決定要去學了。

隔天我繼續上班，當週末再來，我開始報名去當老學生。此後一年，每逢週六、週日，天氣晴朗，就準時報到。一年後，很順利拿到飛行證照。

依規定，取得飛行執照，有好幾個條件。第一，至少要五十小時的訓練飛行。第二，通過各種基本操作，像是空中機械突然故障，如何把飛機安全開回地面，以及如何與管制塔台聯絡等等。第三，考試時，一定要通過單飛三點。由自

己駕駛飛機，機上沒有教練或裁判，從甲基地飛乙機場，再飛丙點，最後飛回甲點，飛一個三角形，且每兩點距離至少兩百公里，全程共六百公里，大約要飛四小時。每飛抵一點，都需經認證，證明確實到點。

在美國，飛行證照雖然只限駕駛考試通過的機型。要飛別型小飛機，倒不用重頭考一頓，只需開一下飛機，讓考官確認具備飛行的基本能力就可以。

自己駕小飛機，跟坐客機的感覺完全不同。開小飛機，自己是「自由飛人」，下頭熱，飛高上去就涼，很是舒暢。也可以隨意貼近山林河流，隨性遠離，鑽進白雲間。那種快感似乎只能用一聲長長的呼嘯來表達。我因此有些懊悔，為什麼沒早點學開飛機呢？

54

公視籌創問題多多

在紐約悠閒了幾年，一九九三年，我被找回台灣，擔任公共電視公司的顧問，參與公視的草創。

事實上我與公共電視淵源甚早。早在一九八〇年，行政院長孫運璿首倡建立公視，宋楚瑜時任新聞局長，他曾找張繼高做一份公視計畫書。那時我人在紐約，幫張繼高蒐集過資料和草擬藍本。計畫書提出不久，宋楚瑜調任國民黨文工會主任，創辦公視的計畫就被擱置。一九八四年，改走一條便宜的路，新聞局下設一個公視製播小組，徵用三台頻道播出節目。第一個公視節目《大家來讀三字經》於同年五月在台視播放。直到一九九一年，行政院才核定成立公視籌備委員會。時值解嚴不久，民間意識抬頭，很多意見魚貫進入籌委會。立委周荃提出相關草案，但她反對公視。時任立委的謝長廷也曾提出組織公視的草案。草案提出前，他曾來到紐約訪問。我關心台灣公視的發展，找人幫忙和他聯絡見面。我記得跟他談美國的公共電視和日本的ＮＨＫ，以這兩家公視為鑑來說明台灣發展公視的關鍵問題。

據我所知，新聞局最早找前《民生報》副社長張繼高主持籌委會，他以年事已高婉拒，才轉而找到王曉祥當執行長。

　　王曉祥時任駐新加坡副代表，深獲代表蔣孝武倚重。王曉祥是張繼高的舊部；張卸任中視新聞部經理時，由王曉祥接任。好幾次被派來紐約採訪，我幫他安排各種訪問，我太太和他同為東海大學校友，雙方更增加幾分親切，從此變成熟稔的好朋友。

　　當王曉祥確定接任公視後，他從新加坡打電話來紐約，請我幫忙，特別是請求日本ＮＨＫ協助製作節目的技術等等。多次協調後，我特地飛回台北，安排他和ＮＨＫ的會長島桂次與王曉祥在日本見面事宜。島會長很慎重，以日本最高級的待客陣仗招待王曉祥；到「料亭」晚宴，一席要花上幾百萬日圓，並有藝者陪侍。接著召集ＮＨＫ及其相關公司人員共二十幾位開會，討論如何支援台灣公共電視的硬體和軟體。

　　ＮＨＫ的支援對起步階段的公視非常重要，我雖然隨後返美，但仍持續追蹤ＮＨＫ的援助。一九九三年三月起，公視籌委會聘我為顧問一年，我暫時擱置紐約的影視後製公司，返回服務。

　　身在公視卻又好像非在其中，所謂「顧問」，有顧才有問，他們多半不顧不問，所以我很空閒，彷彿局外人。以我的旁觀，公視籌委會初期存在一些問題。在外部，國會的聲音很大，卻不知何為公共電視，把它看成一個大怪物。經過政治的機器攪拌與不必要的添加，國會把所有各國公視的優點都抓進台灣的公視，反而不盡符合台灣的需求，猶如一碗難以下嚥的雜菜麵。

另一個該譴責的是公視依法不能播報新聞；沒有每天的新聞，只做像週刊一樣的新聞回顧，使公視功能受限。

再者，當時的公視人事結構未能回應台灣民主化的需求。公視裡面，外省人佔七成，台灣人佔三成。新聞局長邵玉銘是外省人，籌委會執行長王曉祥是外省人，副執行長由新聞局調來，也是外省人，因而，節目製作、新聞、紀錄片的主管自然多是外省人。問題雖然沒有表面化，但我認為公視人事結構未顧慮省籍比例相當，不足以探究台灣社會的心聲底層，所做的反應經常要失去準頭。

當時，公視也不夠專業，經常做出可笑的事情來。例如，籌委會有預算，每年要消化。明明還不知道何時開播，卻為了消化預算，拚命買了幾十部攝影機，而且每一部都要五、六萬美金的高價。其實，市場每半年便會翻新求變，出產新型的攝影機，根本不用怕買不到。攝影機應放在最後階段再買即可。如果真要消化預算，也應該把錢花在相對較不容易被時間淘汰的設備上。

最後我發現能做的只有跟他們不斷解釋公視的概念是什麼，其他無事可做，實在與我好動的個性不合，一年後，我就請辭返回美國了。

55 和總統府有祕密熱線

一九九三年自我受公共電視聘為顧問後，台北政界很多人不斷傳說，「張超英回來了！」正當此時，東京新聞處處長懸空，新聞局長胡志強有政治智慧，深知李登輝擔任總統，對日本媒體關係很重視。由於極度重視日本媒體對台灣的報導，胡志強對局內提報人選都不滿意。最後有人向他建議：「有一個人，但他已退休，願不願意重披戰袍，沒有把握。這個人是張超英。」

胡志強和前日本華僑總會會長劉天祿的兒子劉介宙熟識，聽說他詢問過劉先生後，就叫副局長葉天行找我。民國五十年代，我擔任新聞局國際新聞處第三科科長時，葉天行是第二科科員，與我同事多年。他多次打電話來紐約家裡，很熱誠邀請我復出。

此時，我六十歲，但是年齡不成一個考慮因素，幾十年來我不曾看過醫生或請過一天病假。至於重穿一件近十年前已穿舊的官服，是否難堪，也不在我的腦海裡。

要或不要回任東京新聞處長，我先思索自己能否有益於台灣。一九八五年我選擇提前退休、離開新聞局，當時蔣經國仍大權在握，台灣還陷在強人的獨裁統治裡。

現在既已逐步民主化，將來一定是台灣人當總統，台灣將更趨自由民主。我們需要讓日本人更認識台灣，再提升台日的關係，而我自忖與日本關係及對日本的認識，台灣沒幾個人能超越我。

接著，我問自己，「如果不去，有一天，我要跟這個世界說再見時，會不會後悔自己沒有全力以赴？」我對人生的看法很簡單。一年三百六十五天，十年三千六百天，八、九十年的人生，大概共有三萬個日子。前一萬天，忙於學習，為人生做準備。第二個一萬天，衝刺事業，養育兒女。最後一個一萬天，我認為要去做一些事，讓揮別人生的剎那，不會哀嘆：「啊！真後悔那件事沒做。」當我問自己，不去東京會不會後悔時，一個強烈的回音告訴我：「會！」然後，再沒有太多思考，放下欣欣向榮的公司，我決定接受新職，回鍋任東京新聞處長了。

一九九四年六月，重返東京前，我透過好友黃越綏求見李登輝總統。我告訴黃越綏，面對這個新職，我想與李總統之間有個直接聯繫的管道，避開新聞局的層層公文關卡，否則事情不好做。黃越綏很熱心，介紹政論家孫慶餘，聽說他是總統官邸的常客。果然不出幾天，李登輝的辦公室主任蘇志誠打電話給我，叫我某日幾時幾分到總統府，由大門進入。

那一天到了總統府，李登輝在他的小接客室見我，屬於私人性質會見。一開始，我不知道該用什麼語言同他說話。我以前出入總統府無數次，兩位蔣總統都說北京話。我也依過去留下來的總統府規矩跟他講北京話。不久，還是李登輝自己開始講台語，我們便自然而然說起台語，感覺彼此距離縮小很多。中間也夾雜日語和英語。

我向他提報一份對日新聞工作要點。他逐條逐條批示，一邊嘴念著：「這個可以，這個不要」，一邊打「√」和「○」。這種標記法正是日本人的習慣。現在台灣老師給學生批改作業或考卷，對打「○」，錯打「×」。日本人是用「√」來表示答錯。

我發現，李登輝對日本的情勢非常了解，幾乎不需要多加說明。當時我的最高目標是促成李總統得以訪問日本。但李總統深知其中的困難，並未強求。他認為，日本歡迎他去，他就去，不歡迎去，他就不去。他沒有非去不可的急迫態度。

在我第二次旅日前，台北推動李總統赴日的行動已失敗過一次。自民黨重量級政治人物金丸信曾祕密訪問李登輝，台北獲得金丸信承諾，日本政府將同意李登輝訪問日本。金丸信回日本後，著手進行布置。但此事的往來雙方都未經過日華議員懇談會，懇談會壟斷台灣政治管道的既有地位遭受嚴重挑戰，懇談會會長佐藤信二很不痛快，他故意把消息洩露給《讀賣新聞》，《讀賣》就報導外務省正在檢討李登輝訪日的消息，故意以先發制人的策略，造成李登輝訪日行動無法進行而流產。

接見中，我特別對李登輝總統提出一個請求，若我邀請日本高層的人士來台，特別是媒體、輿論界的高層，請他務必撥冗接見，他很果斷答應。

離開前，我特別送給李總統一片有關長老教會黃彰輝牧師的紀錄片。黃彰輝牧

台灣人自決運動四位發起人中的黃武東牧師、黃彰輝牧師、林宗義博士（左到右）。

師是台灣獨立運動史上必然會提到的名字。一九七〇年代，他當世界基督教聯盟教育主管時，常來紐約，並在紐約恩惠歸正教會證道。他也曾與黃武東牧師、宋泉盛牧師、林宗義博士四人共為發起人，發動台灣人自決運動，並起草「台灣人民自決運動宣言」。我家屬於恩惠教會，對自決運動很是投入，因此和黃彰輝牧師熟識。據說，一九五〇年代他擔任台南神學院院長時，與李登輝先生常有往來，彼此熟悉。

一九八五年，我提早退休，在紐約經營電子影像後製作公司RG Video時，聽說黃牧師受肺癌之苦。我珍惜他的歷史作為與角色，本來想帶攝影師製作團隊到英國倫敦為他做紀錄片，後來他決定親自來紐約做最後一次巡訪，因此，為他做了許多影像紀錄。其中錄下黃彰輝牧師人生的最後一次講道，最屬珍貴。那天他的講題是引用啟示錄的「新的天、新的地」，提到李登輝，他說：「我們寄望他，給他時間，帶領台灣人創造一個新的天、新的地。」

當我把錄影帶送給李總統，他顯得很驚喜，叫我再坐下來談。但我見他的侍從站起來，似乎緊接著有下一個行程，我不好再占用時間，我就說：「下一次再跟您報告黃牧師的事情。」結束大約四十分鐘的接見。

56

劉黎兒說我能呼風喚雨

一九九四年六月，我第二次駐日，首先遭遇的大事件即是台灣的李登輝總統無法參加在日本召開的廣島亞運。

台灣自一九八六年起就是亞奧會的正式會員，依亞奧會法規，享有一切與其他會員平等的權利。一開始，非常令人振奮，亞奧會主席阿罕默德完全讓體育的歸體育，平等對待台灣，邀請李登輝總統伉儷出席廣島舉行的亞奧會。邀請函更已送達中華台北奧會主席張豐緒。台灣方面想，依奧運會與日本政府的協定，他的邀請函形同簽證一般，日本不能拒絕入境，此番應該十拿九穩，中國要抗議也無從抗議起。總統府因而來電報給駐日代表處，表示李總統已獲邀，之前種種運作促成李登輝訪問日本的行動，可立即終止。於是相關作業陸續展開，駐日代表處把李總統下榻廣島的總統套房也事先訂好了。

豈料，日本外務省迫於中國壓力，轉向亞奧會主席、科威特的親王阿罕默德，要求他撤回邀請函。一九九四年九月，中華台北奧林匹克委員會向阿罕默德發出抗議，抗議政治力介入體育。

台灣忍受中國荒謬與粗暴的壓迫，已不是一天、兩天，台灣能做的就是永遠不被打倒，在有限的空間，做最大的推擠，為自己推開更大的空間。最後，李登輝不能去，我們改推行政院副院長徐立德，雖然中共依舊得寸進尺，繼續抵制，最終徐立德仍代表出席廣島亞運。

《新新聞周刊》曾有一篇署名「黎婉」寫的報導，黎婉就是駐日著名作家劉黎兒，當時她是《中國時報》駐東京資深的特派員。她形容台灣在這一次廣島亞運的宣傳成果，「張超英過去的確是有呼風喚雨的威力，像廣島亞運時，李登輝總統未能出席之事，日本各大報連《朝日新聞》均以頭版頭條報導，也使代為出席的行政院副院長徐立德成為當時家喻戶曉的人物。」

的確，因總統被迫不能成行，徐立德出席亞運比奧運會本身激發出更大的新聞張力。他一到廣島機場，我第一次看見這麼多記者，來自全世界和日本的記者，大概三、四百位。但是徐立德一下飛機，日本官員就帶他逕往側門出去，避開媒體。日本政府一定是抱著「多一事不如少一事」的心態，不願有關徐立德的新聞大作，免得被中國囉嗦。側門前面有幾十公尺寬的停車場，成排的車輛遠遠隔開記者。我心裡暗叫不好，那新聞還做什麼!?當下我不管三七二十一，馬上拉徐立德走往和記者可以握到手的位置，從記者面前，像閱兵一樣走過去。徐立德隔天便以充滿尊嚴的姿態登上報紙頭版頭條，而不是像被日本官員押走的小人物。

原本新聞宣傳工作應以見報愈多愈好，但此次考慮亞運的運動競賽本質，避免被批評搞政治宣傳，所以未安排大型記者會。但宣傳還是要做，該怎麼做？我就安排《讀賣》和《朝日》兩大報在徐立德下榻的房間專訪。

另外在亞奧運的酒會上，我一眼就明瞭日本政府不讓徐立德和天皇握手，特別派東京交流協會理事長擋住徐立德。我告訴好朋友、《朝日新聞》攝影部門的主管福永友保：「你拍一張照片，保證是新聞。」他瞪大眼睛，我說：「就是拍徐立德，但天皇也在照片裡。」

果然福永很夠朋友，第二天頭版登出有徐立德與天皇在裡頭的照片。天皇是日本的象徵，大家都認得；這樣的新聞照片意謂台灣存在國際社會。

事後，新聞局長胡志強告訴我，徐立德很滿意我們駐日新聞處的工作表現，他還說要帶我去見徐立德。我支吾以對，這次的努力是要張揚中國的霸道與日本的軟弱，並不是要捧哪一位官員的風頭。

57 台灣總統首度登上日本報紙頭版

一九九五年五月傳來美國已經同意李登輝訪問康乃爾大學的消息。台灣突破孤立，讓美國無畏於中共的壓力，要堂堂走出去。

我覺得此機不可失，馬上策動《朝日新聞》和《讀賣新聞》等大媒體，教他們派記者隨行採訪，結果有將近二十位日本記者將跟隨採訪。這麼多記者的採訪團跟隨一位外國元首到另一個他國採訪，這在日本是破天荒的紀錄。

緊接著自六月七日起的一個禮拜，李登輝訪美的新聞天天大篇幅在日本媒體登場。李登輝在康乃爾大學發表演說「民之所欲，常在我心」的歷史性照片被刊登在大報的頭版，也打破有史以來日本媒體的常規；日本報紙不會在頭版刊登與日本毫無關係的新聞及一位外國元首的新聞相片。

我每天蒐集所有的相關報導，大大小小二十幾張報紙，傳真到李登輝總統下榻的飯店，讓他立即知悉日本的反應。記者會上，李登輝曾對日本記者說：「你們昨天的報導如何如何……」這種自然真實的互動，相信也帶給日本記者很窩心的印象。

以報紙發行的數量來說，日本人口一億兩千多萬，《朝日新聞》一天發行八百萬份，《讀賣新聞》一天一千萬份，《每日新聞》一天四百萬份，《產經新聞》也有三百萬份，《日本經濟》一天將近發行四百萬份，總合這麼大的報紙發行量，廣告效果不可量計，而且這一波李登輝新聞熱持續一個月左右，奠定李登輝在日本的知名度。

除了廣泛把台灣和李登輝推向日本社會，建立高層實質關係同樣重要，我也盡最大力量，安排邀請許多重要人士訪問李登輝。一九九四年，第一位安排訪問台北的是日本電視公司社長氏家齊一郎先生。李登輝在總統府公開正式接見。氏家在讀賣新聞集團地位數一數二，又擔任「日本民間放送連盟」會長。他回日本後，我們見面聊天，他太太禁不住讚美李登輝：「你們台灣人真幸福，有這麼好的領袖帶領國家，但願日本也有這樣的領導人。」

李登輝總統留給訪客深刻的良好印象，不是臨場隨意發揮。李登輝很用功，事前會要求了解訪客的背景，準備和訪客談話的主題。他飽學多聞的學者形象常常讓訪客讚嘆不已。

接著想安排日本首相級的實力人物來台灣見李登輝總統。現任首相絕無可能，便朝卸任首相思考。然而，邀請美國前總統非常簡單，他們已是一介平民，如果給付講演稿費，時間也許可，他們多不會拒絕，也沒有政治上的禁忌或牽絆。美國前總統卡特、福特都到台灣訪問過。邀請日本前首相則不然。日本是派閥政治，歷任首相都是派閥領袖，卸任後，在派閥內的實權並不因卸任而減損，他們若受邀訪台，還是大大受兩岸敏感的政治神經所牽制，不輕易承諾。

在幾乎不可能中，我認為中曾根康弘訪台的可能性還是存在。中曾根在二次大戰期間待過高雄，擔任海軍主計單位的軍官，至今仍和高雄的老朋友保持聯繫，對台灣有私人的情感。在關係上，中曾根長期受讀賣新聞集團的支持，雙方關係緊密。而已會見過李登輝的氏家齊一郎正是《讀賣》的兩巨頭之一，我於是請氏家居中牽線邀請中曾根。

中曾根從年輕就立志當政治家，在家鄉高崎創設「星雲塾」，專門訓練對政治有興趣的年輕人。雖然中曾根的派系規模比不上大派系，他仍能穿梭縱橫，最後當上首相。中曾根有個外號「政界風見雞」，意指他有敏銳的透視力，會觀測時代的變化，跟上主流的腳步，是比較有彈性的政治人物。

經過穿梭邀請，中曾根的答覆是：「我對台灣有感情，但現在不是時候。」這個回應有很深的政治思考。他認為，如果他真的訪問台灣，大陸會以親台的眼光看待他。如果一朝兩岸問題有待他講上點話，反而使不上力，對台灣不利。與其將來不利於台灣，不如現在婉拒台灣的邀請。中曾根本人不能來，但他很周到，讓他的兒子、參議員中曾根弘文代表他來看李登輝。

從《讀賣》、中曾根康弘延伸出的另一重要人物是日本「世界和平研究所」所長大河原良雄。中曾根是該研究所的會長。大河原曾任日本駐美大使、駐聯合國大使，可謂日本外交界的龍頭。可喜的是，他一九二六年畢業於台中二中，與台灣亦有淵源。

日本內閣曾正式決議確認世界和平研究所具備半官方性質，各部會人員可以留職留薪，到世界和平研究所當研究員，雙方人事可以交流。正因世界和平研究所的地位敏感，大河原的身分特殊，限制了他訪台的可能性，邀請他跟邀請日本現任大使一樣困難。我接洽大河原訪台很久時間，始終沒有具體成果。這之間，我安排過民進黨專長外交事務的張旭成立委和國際法專家陳隆志博士去日本拜訪他，建立各種可能的關係。

直到一九九八年，我退休前兩個月，突然大河原通知我：「這個秋天想到台灣來。」很遺憾，我夏天即要退休，屆時可能人已在紐約，我就把大河原訪台的事特別麻煩精通日語的李總統民間友人彭榮次。我根本不想把事情託付給新聞局，官方永遠做得不夠周到。彭榮次安排得很好，李登輝在鴻禧山莊接待大河原打高爾夫球，台中清水出身的商人蔡焜燦也接待他回台中二中母校參觀，逐漸和大河原建立友誼。

在此之前，我們駐日代表處曾經求見而不可得的外務省亞洲局局長阿南惟茂，透過大河原的影響力，馬上就安排到阿南辦公室以外的地方見面。

二〇〇〇年接任駐日代表的羅福全非常重視這個關係，努力奔走，後來促成了世界和平研究所和中華歐亞文化基金會（理事長為前新聞局長張京育）成立「台日論壇」，雙方開始學術交流。

58 日本外務省裡的中國幫

前頭既談到阿南惟茂，不得不談一下外務省的「中國幫」。

日本外務省有一個組織文化，同一期進入外務省的官員，只要有一個當上文官最高階的常務次長，同期同僚就必須離開外務省。日本社會講究輩分倫理，支開同期者可以樹立新任文官龍頭的權威，避免外務省內部派系分立。對於被支開者的「犧牲」並非沒有補償。外務省有許多外圍機構，這些受同期之累的官員便被疏散到外圍機構任職，領更高的薪水。

日本各部會在外頭總共有千百個外圍單位，像運輸省有成田機場、通產省有外貿協會等等財團法人。部會裡的「官房長」，相當於台灣的「主任祕書」，他最大的工作之一就是安排同期人員的出路。其中，外務省的外圍機構最少，兩隻手掌就可以數完。

權力表現在用人和用錢上。相較於其他部會，外務省算是辛苦。外務省能操作的經費只有對外援助，用人部分還必須提防別的勢力侵入，所以大使多啟用外交特考及格的自己人。如此窘境下，外務省的官員退休後，除了外圍單位，自己還要自謀出路。所謂「中國幫」即應運而生。

原先辦理中國業務的官員，退休後往往成為搶手貨。一大堆和中國投資或做生意的公司喜歡找他們掛名董事或顧問，方便做關係、打交道。為了日後長遠的利益，中國幫的官員形成一脈，忌憚破壞和中國的關係，不敢得罪大陸。

二〇〇一年，前外務省亞洲局局長阿南惟茂奉派出任駐北京大使，隔年五月，阿南惟茂引發了所謂的「瀋陽事件」，充分暴露中國幫的深層心態。當時有五位北韓人衝進日本駐瀋陽的領事館尋求政治庇護，中國武警竟然侵入抓人。領事人員竟也完全放任中國武警踐踏日本主權，完全漠視自由與人權。

瀋陽事件在日本掀起嚴重的政治風波，國會和媒體一片撻伐，不僅轟阿南下台，甚至要求外相川口順子下台負責。但最後僅僅以阿南返國述職、出席國會道歉了事。

阿南惟茂的父親阿南惟幾在二次大戰結束前夕還是日本的陸軍大臣，在「御前會議」力主日本應該「戰到最後一滴血」，強烈反對投降。日本天皇宣布投降後，阿南惟幾立刻切腹自殺。日本集體心態對阿南父親因堅持尊嚴而切腹自殺心存愧疚，所以雖然日本在外交上如此懦弱和丟臉，阿南既未被撤職，連帶中國幫也能安全脫身，未被瓦解。

但這幾年發生一連串的事件，中國幫逐漸失勢了。最先是一九九八年中國國家主席江澤民訪日，這是第一次中國國家元首訪問日本，中日關係似乎大進一步，但江澤民卻發言不當，在日本天皇的宮中國宴上教訓日本要有「正確的歷史認識」，引發日本財界反感，一般日本人也覺得很沒面子，但這些嫌惡感尚未表面化。

接著中國在各地大設南京屠殺館、很多大陸學生到日本當小偷、賣春。去年終戰六十年，中國大規模反日示威，抗議日本侵占釣魚台，反對日本申請成為聯合國常任理事國，向日本大使館丟石頭，到處砸日本商店，中國官方卻放任事態擴大，日本人大感心寒。最近，中國潛艇迫近日本領海，日本媒體已經沒有人敢再寫親中的論調了。

日本外務省亞洲局中國課的課長以前一直找會說中文的人擔任，今年七月還在任的泉裕泰同樣能說中文，但是八月接替他的「秋葉剛男」，將從歐美局轉來，他既沒有中國經驗，也不會說中文。這些細微的轉變都可以確定中國幫已不復往日雄風。

中國幫的式微並不等於台日關係必然提升，對日本來說，日本雖然討厭中國，卻需要中國的市場，而中國的市場遠大過台灣，台灣不該寄望日本會在兩岸間做取捨，中國的地位必然重於台灣。

反過來，台灣也沒有必要妄自菲薄，應該了解自己的優勢在哪裡，從中找出跟日本建立外交關係的切入點。

59 強拉辜振甫見日本記者

二度駐日，遇上一件又一件的公務大事。APEC一九九五年十一月在日本大阪召開。台灣又多一次在國際爭取曝光的機會，卻也存在根本的麻煩。

APEC成立的原始考慮即是為了台灣。台灣號稱亞洲經濟四小龍之一，經濟力量愈來愈大，大到亞洲各國不可能假裝看不見或不存在。但是因中共的抵制打壓，台灣一直無法參與像東協那樣的組織。所以APEC設立之初，沒納入中國，而且表明沒有政治考量，純然是一經濟對話的國際機制，就是為了台灣。可惜大家已逐漸忘記APEC成立的初衷，後來不僅讓中國加入，而且，APEC決議任何事項，若有一個會員不同意則不予採行通過，這項可貴的共決制度卻變成中國對付台灣、把台灣推擠到APEC場外的武器。

APEC原本也沒有國家領袖會議，只是部長級會議。一直到一九九三年，會議在美國西雅圖舉行，美國總統柯林頓為了出風頭，弄了個領袖會議，把江澤民找去，從此以後，每回APEC都給台灣帶來大麻煩。

台灣基於會員國的尊嚴，每年會前仍然提出申請，要由總統出席領袖會議。然而中國怎麼可能容許台灣有總統出席國際場合，與之平起平坐，進而默認兩個中國。所以，台灣所遭遇的，不僅總統被否決，人選還要經過中國認可，對台灣的身心人格都造成莫大的折磨與貶損。

一九九五年在日本的APEC也不例外，台灣的政府最後派出海基會董事長辜振甫以「經建會委員」身分代表李登輝總統前往大阪。

此時，我的工作使命，無非就是想辦法讓媒體報導台灣相關的新聞，而且愈多愈好。結果很順利，我把辜振甫拉出來見媒體六次，有專訪，也有記者會。在三、四天的會議中，可以安排如此高密度的媒體採訪，恐怕很少見。雖然我很積極，辜振甫的雍容大度，來者不拒，才是主因。辜振甫曾經跟我說，他真的很累了，我還是硬拉他出來，他卻一點斥責我的意思都沒有。現在回想起來，有點歉疚，卻也讓我見識到一位長者如何為國家鞠躬盡瘁。

敢把辜振甫硬請出來見媒體，部分原因可能是我對辜振甫不陌生。我中學時，辜振甫住在現在的民生西路、知名咖啡廳「波麗露」的對面，偶爾家裡人要我送東西去他家，他會自己出來應門。我轉去香港讀書的那一段時間，辜振甫也因台獨案件刑滿而離台去香港另求發展。父親到香港探視我和姊姊，也跟辜振甫見過好幾次面。我在東京代表處新聞組工作期間，辜振甫每年都要到東京開東亞經濟會議，我們總會在記者會的場合見面。相談起來，他知道祖父和父親，對我頗為親切，我也看他是一位家裡熟悉的長輩，沒有距離感。

60 李登輝在日本名氣全面打開

一九九六年三月十八日是台灣歷史上值得驕傲的一頁，華人所在的國家三、四千年來，第一次由人民自由投票選出自己的總統。

身在東京，心裡除了為我的國家感到無比驕傲與興奮，之前我已開始思考如何把這件歷史性的成就及主導這項改革的李登輝總統介紹給日本社會。我把目標鎖定在《朝日新聞》能專訪李登輝總統。

我必須先說明，日本媒體一直是台灣無法入場的禁區。一九八〇年代，我第一次駐在東京時，有一回，報紙評論認為應該正視早年台灣人日本兵賠償的問題，我把剪報呈給當時的駐日代表馬樹禮，馬樹禮拿去跟外務省的官員試探可能性。對方官員說，除非是《朝日新聞》刊登出來，一般報紙我們不會重視。外務省官員的談話意謂《朝日新聞》不只有影響力，也代表政府的主流價值。

現在《朝日新聞》已不如《讀賣新聞》，但二十幾年前，《朝日》是言論界的龍頭。日本社會各個領域都講究輩分、身分。拿報界來說，如果同時邀請各報的部長（類似台灣報社的各中心主任），一時間這個場域彷彿猴群的地盤，有階級之分，而《朝日新聞》的部長一定就像猴王一般，他一定先就座，其他人才入座。

然而，像《朝日》這樣重要的媒體，卻未專訪過台灣的歷任總統。當然《朝日》有《朝日》自己的邏輯，它的內部自由派多，親中共和迷戀中共的也有，整體來說，它不認為在台灣的中華民國是正統的政府，所以不會來訪問此間的總統。不論合不合理，這個傳統事實存在那裡，直到一九九〇年代，依舊如是。要突破是一項艱巨的外交工作，困難程度遠超過想像。

雖然困難，我向來認為，成功總是要找機會一試再試，不斷突破，才會到來。趁這次台灣第一屆民選總統的大好機會，我判斷《朝日新聞》內部，唯一能影響總編輯決定，改變傳統，來台訪問李登輝總統的只有《朝日新聞》公認最資深的記者船橋洋一。船橋時任《朝日新聞》駐美國的總局長。我專程跑去美國找他，我們是舊識，對李總統的民主化成就有共識，一談即合。他很明快決斷：「台灣方面，你來負責，《朝日》方面，我來負責，我們分頭進行。」

第一次駐日時，我透過世交、前文部大臣永井道雄居間引介，認識了船橋洋一。有一天，永井先生打電話來說，他已吩咐船橋與我見面。永井是《朝日新聞》的客座論說委員，地位崇高，依人情倫理，船橋不得不見我。我和他在大倉飯店喝茶，開始認識他，之後我們一直保持良好的關係。當年，船橋正擔任《朝日》駐北京特派員，他寫了一本文革前後的大陸內幕，成為暢銷書。

船橋洋一訪李的工作若光淌淌公開，首先一定在《朝日新聞》內部產生阻撓。社內的親中分子會群起反對，駐北京的總局長也必然加入反對的行列。接下去中共的政治力隨著就會鑽進去，整個工作最後必然見光死。所以，我和船橋的合作分工在保持高度機密下進行。

當時我們的聯繫完全避開政府及辦公室，所有文件只在他家和我家之間傳真來去。結果異常的順利，選舉前，船橋在其專訪報導中，使用一個極高的敬語「哲人政治家」做為標題來形容李登輝。

《朝日新聞》也史無前例派遣亞洲總局八位記者來台採訪，對台灣做系列報導，從政治、經濟到教育各層面，於選舉前後，總共連載二十二篇。如果換算成國際宣傳的廣告費，必定以億元計，且效果遠遠不及記者的報導。很妙的是，《讀賣新聞》輸人不輸陣，就在《朝日》的連載結束後，也開始二十七篇連續的報導，打開台灣在日本國際宣傳的另一里程碑。

船橋中英文都很好，是日本記者的偶像，地位崇高。當他來訪問李登輝時，《朝日新聞》亞洲總局派駐泰國、印尼、新加坡和北京的支局長，共七、八個人來陪同，顯示船橋在《朝日》的地位。《朝日新聞》當時陪同的北京支局長崛江義人先生私下告訴我，船橋洋一訪問李登輝，將付出相當的代價。果然，北京大學把原本已同意船橋駐校研究一年取消了，也為此，中國臨時取消他的簽證而無法成行。他對台灣的熱情與對我的友情，我永遠銘感在心。

經過《朝日》和《讀賣》對台灣和李登輝總統的大幅報導，李登輝的名氣在日本可說是全面打開。日本電視公司每年在澀谷車站都設計一個別出心裁的比賽，一九九八那年是看誰叫得又響亮又高亢。有一位高中女生大聲喊：「Li-Tou-Ki, Gan-Ba-Re!!!」意思是「李登輝，加油!!」她喊得很激昂，獲得第一大獎。一個高中生都知道李登輝，可見這個名字在日本已經家喻戶曉。當然，台灣民主化的故事也隨著深入日本的社會人心了。

61 不分黨派幫助陳水扁

一九九六年，台灣推動總統直選，可以說是政治狂飆的年代，政治局勢變化萬千。那時候，陳水扁正擔任台北市長，曾兩度訪問日本。

陳水扁市長因是民進黨籍政治人士，駐日本代表處以消極的不作為來面對他的訪日行程，我卻無法坐視。一個台北市長難得到日本，直接面對日本人民和社會，這麼好的交流機會，為什麼要因政黨爭鬥而犧牲？我決定在我能力範圍內，以及他需要我幫忙的情況下出面。

陳水扁第一次來日本訪問時，外交部事前曾通知駐日代表處，但僅僅是例行性訊息通知，並沒有要我們做什麼或不做什麼。我自己就直接跟台北市政府市長辦公室的羅文嘉聯絡。

我安排東京外國記者俱樂部邀請陳水扁市長演講，其中有兩個困難。首當其衝就是中共抗議。中共會干預所有台灣官員到外國的活動。過去，前新聞局長張京育曾獲東京外國記者俱樂部邀請演講，臨出國前，受中共阻撓，日本簽證被取消，無法順利成行。有前車之鑑，所以，我和外國記者俱樂部主辦人商量，會前一天才通

上圖：在張超英的眼中，不會用黨派或私情來決定事情做與不做、做多或做少。安排陳水扁在台北市長任內出席東京外國記者俱樂部。

下圖：安排新聞局長胡志強拜訪《每日新聞》。

新聞社

866 UNITED NATIONS PLAZA

知記者，讓中共想抗議時，陳水扁已經站上講台。

另外，亞東關係協會當時的政治氣氛，絕無可能幫民進黨官員，助長他的氣勢。那時駐日代表已換成林金莖，他是保守的老派官僚，更不可能改變傳統的作風。我只好越過官方辦公室，在自己家裡和羅文嘉聯絡各項細節，包括記者會的行程、寄邀請函和推演一下可能遭遇的困難。外觀上看起來是台北市政府自己去張羅來的一個行程，沒有外交單位涉入的痕跡。

陳水扁自己另外安排到大阪考察阪神大地震，隨後到東京訪問東京都「地震生態災難中心」，當地震嚴重到東京都政府無法運作時，該中心便取代東京都政府，維持政府所有機能。陳水扁前往參觀，不僅東京都知事青島幸男未出面，連外務省派任的涉外副知事都沒露臉，真教人又氣憤又感寂寞。那時候的東京都知事如果換做後一任的石原慎太郎，相信他一定會親自接待。石原始終強調日本外交的自主性，在日本政治人物中，面對中共，最具抗壓精神。

在日本辦外交，因為沒有正式外交關係，私人關係愈形重要；人不同，激發出的外交成果會非常不同。然而就像當年細心為宋楚瑜安排行程，與重量級人物建立關係，著眼點非為宋楚瑜個人，而是考慮對台灣是否有利益。做為一個新聞局駐外單位，任何人在日本的活動可以幫助台灣，我都會拚命去做。

我二度駐日，兩位新聞局長胡志強和李大維都來過東京。胡志強還對我說：「別

上圖：協助時任立委的謝長廷到日本聯合國代表處抗議。

下圖：安排《每日新聞》社長接待新聞局長李大維（右二），意義相同，都是為了台灣。

人當東京新聞處長，我都不來，你當處長，我就來了。」言下之意是我可以安排他見到許多重要的人士。其實，我的原則很簡單，能提高台灣地位和對外關係的機會，我絕不會放過，不會因人而有異。所以對胡志強也是如此，都是盡力在安排。

由於第一次駐日開拓許多關係，十年後，許多日本朋友都變成各機關的大人物，安排起來非常順手，胡志強也因此見到許多政壇的明日之星，像後來的內閣官房長官（相當行政院祕書長）山崎拓。

李大維局長一九九八年初來東京時，國內已盛傳他即將離職，但我對行程安排絲毫不受傳聞而敷應，我想這是對國家公務基本的態度，也是我對李局長該有的尊重。由於招待隆重，後來據轉述，李大維夫婦覺得我很夠意思，沒有因為明知李大維要下台就敷衍了事。

我記得正當我們參觀皇居，走到二重橋前欣賞風景，李大維突然接到從台北來的電話，我看他臉色就知大概。放下電話，李大維禁不住對我吐露遺憾之意，他說，他已經花下很多工夫研究新聞局業務，現正開始駕輕就熟，卻是必須離去的時候。我也為他難過。看得出來，他很努力用功。不過，政治人物的命運顯然不完全靠用功來決定。

62 建議李登輝爭取諾貝爾和平獎

一九九六年台灣舉辦首次人民直選總統，以和平不流血之姿，從威權體制過渡到民主體制。這項傲人成就，李登輝總統居功厥偉，足夠讓他獲得諾貝爾和平獎。當時我仍在駐日代表處新聞處長任上，深知日本前首相佐藤榮作卸任後，於一九七四年會以讓日本簽署「不擴散核武器條約」而獲得和平獎，和平獎對李登輝而言，絕非不可能的夢。

我這個人對目標既定，就會不計一切，努力達成。就在我東問西探之際，有一天，一位《讀賣新聞》總編輯級的高層幹部告訴我，《讀賣》每年都會邀請歷年的諾貝爾獎得主到日本講演，報紙同時製作專題，連載兩天。主其事的記者鈴木康雄負責這個專題版面和邀訪事宜已經多年，相關問題可以向他請教。

整個《讀賣》有一萬多人，先前我並不認識鈴木先生。經人引介見到鈴木，承他指導，我對如何讓李登輝總統擠進諾貝爾獎的競賽場有了概念。

諾貝爾和平獎是相當封閉的競項，大約七、八人就決定得主。諾貝爾獎委員會在主要國家設有推薦人，像日本就有一位推薦人。除了這些推薦人外，歷年諾貝爾獎得主也有權推薦。當全世界的推薦名單進去以後，決定者不可能一一訪見每位被推薦人，他們憑恃的是書面。最基本的書面便是一本自傳，再佐以世界公認的重要報紙對他的報導。

就是鈴木康雄的指引，孕生了一九九九年五月出版發行的《台灣的主張》。這一本書是李登輝總統在位時完成的自述，當時他權勢正隆，自傳問世，轟動一時。李總統在書中首度完整吐露自己的成長歷程和政治哲學，以及台灣過去的發展、未來的展望。同時也有日文版和英文版發行，把他自己和台灣推向國際。從國際宣傳的角度說，《台灣的主張》一書既有必要，也獲致成功。

我以三生有幸的心情，參與對台灣這麼有意義的工程。從構思、催生到尋覓工程師，我想可以這麼說，沒有我的籌劃與堅持，恐怕不可能有《台灣的主張》。

當時我和鈴木商討之後，設定邁向諾貝爾和平獎的三條件包括自傳、世界重要報紙的訪問和報導，如果能配合時機，李登輝總統發表與中國和平解決的相關提議，更有加分效果。

這件事我最早請台灣意識特別強的商人蔡焜燦帶公文，轉告李登輝的好友何既明醫生，由何先生跟李總統提議。回來的訊息說，以李登輝的立場，不好自己主動開口爭取諾貝爾獎。我便回頭請鈴木先生訪台，由他帶資料面見李登輝，建議他爭取諾貝爾獎。

接下來就是寫自傳。總統日理萬機，不可能一字一句自己完成。經過商量，再由鈴木康雄出面去找一位前《紐約時報》總編輯來執筆，他曾獲得普立茲獎。我們表明目的之後，他同意了，並要求待在台灣一年，酬勞是二十五萬美金。當時美國記者年薪約二十萬，若再計入旅費，住一年的開銷，二十五萬美金並不貴。蔡焜燦跟許文龍商量後，許先生願意負擔這項酬金。

安排就緒，我藉某一次返台機會，跟李登輝總統當面請示可否開始著手進行。李總統一聽見事關二十五萬美金，脫口說：「怎麼那麼貴！」我向他解釋，和國際宣傳經費比，還算是便宜，而且版權費會回收一些，何況已有許文龍慷慨允諾幫忙。李總統當時未置可否，出書計畫一擱又是半年。

半年過後，我思考為什麼李總統未同意寫自傳，或許因為英文不是他最能表達思維的語言而稍有猶豫。他雖然拿到美國的博士學位，但英文終究不如近乎是母語的日文。於是，我反過頭來，從日本找執筆人，另起爐灶。

63 找到松下幸之助自傳的執筆人

為李登輝總統寫傳，我心目中理想的執筆人必須是日本社會的主流。不能找明顯親台的人，這種人再寫李總統如何如何好，也教人感覺是馬屁文章，不具說服力。其次，必須由一流出版社來發行日文版。日本文化事業發達，境內有幾萬家出版社，每天新書出版如潮水湧來，若不由一流出版社刊行，書會淹沒在一片汪洋裡。找來找去，江口克彥是最佳人選。

江口先生曾隨侍松下集團創辦人松下幸之助二十二年，擔任他的貼身祕書。松下幸之助彷彿台灣的王永慶，世人稱他「經營之神」。他的自傳在日本暢銷四百多萬本，創下自傳銷售的紀錄。該書即由江口克彥執筆，江口的文字能力，毫無容許我們品評的餘地。

江口本人也經常獲邀上NHK的節目，這意謂江口是日本的主流人士。NHK內部對於出席節目的賓客有一套嚴格的資格審查。日本社會有不成文的認知，非主流者不可能在NHK露臉。江口同時是政府若干經濟問題的諮詢委員，可隨時向政府提出建言。

不只如此，江口擔任松下集團所屬「ＰＨＰ（Peace and Happiness through Prosperity）」的執行長，ＰＨＰ下頭有許許多多的文化事業，其中最知名者莫過於ＰＨＰ總合研究所。ＰＨＰ旗下有好幾個出版社，江口目前擔任研究所副社長，是實際的最高負責人。日本書店都有一大塊區域為知名出版社的專屬書籍陳列區，ＰＨＰ有一定專屬地盤，毫無疑問，它出版的書一定會被放在醒目位置。

我對江口談起出版李登輝總統自傳的意願，江口馬上一口答應。日本翻譯的功力世界一流，江口同時願意負責英文版的事宜。事實上，江口與我早已認識，而且是不打不相識的好朋友。我們所以結緣，不得不說是拜著名作家大前研一之賜，雖然大前研一留給我負面的印象。

大前研一在日本社會可謂是激進分子。日本企業講究團結，上班族以終生忠於一個公司為基本道德。員工若被派遣到海外，經過幾年，公司叫回日本，一定乖乖就返日。但大前研一不然，派赴美國幾年後，他竟跳槽到美國公司，留在美國。等他再回日本，儼然是稀貴的知美派，以著名的經濟評論家之姿，活躍於言論界，文章散見各個雜誌媒體。

在我與大前有接觸之前，他已經循其他管道拜訪過李登輝總統，總統對他的印象似乎不壞。有一天，總統府來電報說，大前研一將再訪李總統，指示我們事先了解有多少人同行及訪問的主題。結果，大前開過來的名單不只他和一個雜誌社記者而已，另外還帶三個雜誌社記者去。台北知道後，總統辦公室主任蘇志誠直接打電話來說：「不行，不能接受。」我因而特別當面跟他溝通。

據我們側面了解，大前可能受了三家雜誌社的請託，總統府又拒絕夾帶雜誌社，這讓他有點騎虎難下。我給大前一個下台階，我告訴他：「大前先生，這樣子，就只有你一個人訪問總統，其他雜誌社的人是你的隨員。他們想問什麼，問題先交給你，統統由你發問，這些人旁聽記錄，結果不是一樣嗎!?」

但我又擔憂三個雜誌登出三個報導，而且萬一雜誌還是三流、五流，成何體統。果然中間有一雜誌《周刊POST》，常有裸體女郎的照片。為了避免情況失控，我要求刊登前要先看稿，而且唯恐口說無憑，還要求各個雜誌社簽立切結書。然而結果仍教我深感驚駭與遺憾。事先我並不預知各雜誌社的工作進度，無法掌握訪問稿何時登出，事後才發現，除了PHP系統的月刊《VOICE》把定稿傳真給我，其他人的承諾都跳票了。大前研一根本未守信用，視白紙黑字的協議為無物，真是令人失望。

《VOICE》傳來的稿子則有一些問題。文中提到總統在家常讀日文書籍，和太太日常談話，也用日語。這種陳述本是事實，背後有其

大前研一訪問李登輝總統的照片竟出現在隔頁有裸體女郎相片的《週刊POST》雜誌上。

《台灣的主張》日文版執筆人江口克彥（中）與張超英夫婦。

無法抗拒的歷史因素，但是，當時台灣的政界，新黨還頗活躍，非常熱中挑動族群問題。類似《VOICE》這樣的稿子傳回台灣，難保不會再掀波瀾。

我從白天溝通到晚上，始終不得正面回應，因為雜誌已付印。我仍然鍥而不捨說服他們說，訪問內容跟他使用什麼語言無關；而且提說日語的事，以台灣的政治氣氛，會影響總統的形象；我們善意受訪，你們何忍製造傷害與麻煩云云。和《VOICE》溝通的層級愈來愈高，最後找到最高負責人江口克彥。我在電話上說了好久，一直到半夜兩、三點，江口也認同那樣的字眼會為李總統招惹不必要的麻煩，他終於同意重印。江口和我因此認識了。

江口答應為李總統出書以後，我馬上安排他去台灣見李登輝總統。那一次談話，江口跟李總統提起日本的歷史故事「七武士」，兩人談得很投機。聽說事後李總統把這個故事傳給幹部，要他們研讀。但是這次談話並未涉及出版自傳的話題，主旨僅在先讓李登輝總統認識江口，並留有好印象。

一九九八年初，恰巧《朝日新聞》駐美國總局長船橋洋一又想請見李登輝總統，並希望在李登輝的官邸見面。船橋覺得以前他到台灣的消息，很快就會傳到中國。我想這是一個機會。我找東元電機董事長黃茂雄幫忙安排，不再透過蘇志誠。會面者只有李、黃、船橋和我四人而已。回台前夕，我告訴江口：「是否你可以寫一封信給李總統，表明你的請求，想寫他的自傳？」江口說：「好！後天來拿。」回台前兩天，我去取信，發現江口真的很慎重其事，全信用毛筆書寫。

船橋當天和李總統相談甚歡，李總統還不禁說：「我平時跟記者不會這麼坦白。」兩小時之後，李登輝送船橋和黃茂雄到門口，我趁機簡要談了江口寫傳的事，然後將信遞給他。我用台語說：「請您重新考慮一下。」我發現李總統有個習慣，當我私下給他文件時，他都是迅速收進口袋，唯恐被間諜或偵探偷拍到相片一般。這次也不例外。

要如此利用官邸見面的機會，實在是因為官方管道太沒有效率，不足成事。官方管道最可怕的是公文旅行，三轉兩轉之後，江口的重要地位會被忽略，一定以無疾而終收場。不過，這次特意的安排仍然如一顆石頭丟進海，久久沒有回音。

64 「綁架」李登輝三天

翻翻日曆，七月十五日我就要退休，想到為李總統出書一事，實在不願半途放棄。為了台灣，不論李登輝自傳是否有助於他獲諾貝爾獎，此書對宣揚台灣的想法和意見，特別是宣傳民主化的成就，絕對有正面作用，我愈這樣想著，心裡愈焦急。最後，我把希望寄託給黃茂雄。

黃茂雄從李登輝擔任台北市長時期即有來往，彼此沒有政治利害關係，他也是基督徒，由他說服李登輝，或許比較有效。另一方面，黃茂雄在日本長大，他知道江口是何許人，了解PHP的地位，不需我再多解釋。

退休前兩個月，我打了一通電話給黃茂雄，他很爽快答應幫忙。據說，他約李總統去台北市松江路的「高玉」餐廳，這家高級的餐廳由一些企業家夫人集資開設，帶點玩票性質，主要給自己人有個信賴的餐館可去。餐廳的魚貨都是搭當天飛機由日本過來，可見有多高級。

黃茂雄出馬，果然不同凡響。就在我退休前一天，七月十四日，駐日代表處接到蘇志誠的傳真，告知李登輝總統已同意江口為他寫自傳。我馬上通知江口，隔天我本來就要退休回台灣，接受新聞局的退休表揚，所以請江口同行。

隔天，代表處同仁特別到機場歡送我和內人。可是因為臨時的變化，卻與江口同行，我還必須禮貌陪他回日本，我太太只好臨時取消隨同返台，暫時留在日本，住兩天旅館等我。所以當我上飛機前，大家向我揮手送別，我太太卻也站在人群中跟我揮手。代表處的同事很驚訝我為什麼放著太太，自己回台灣。其實就是為了《台灣的主張》這本書。

七月十六日見總統時，江口當面表達他的構想。他不要像一般傳記或新聞報導一樣，布滿這個故事、那個故事，他要寫李總統的想法、做法、政治哲學和處世原則。李總統表示同意，然後敲定九月二十七、二十八和二十九日三天，在桃園鴻禧山莊私邸接受訪問。

九月二十五日我從紐約飛抵台北，先江口一天抵台等他，以示禮貌。江口帶三位隨員，住進鴻禧別館，二十七日一早我們便步行去李總統的家。一進去，李總統很禮遇江口，親自接待他參觀各個房間。之後才圍坐在客廳的長方桌前開始「工作」。在場人員另有時任總統府副祕書長蘇起、祕書丁遠超和接替我駐日新聞組長職務的朱文清。丁遠超的工作是應付臨時需要總統府的資料時，他必須很機動，來去台北和桃園之間。朱文清懂日文，必須做記錄，但沒有錄音。江口的隨員有錄音。

李總統不愧學者本色，訪問進行得條理分明。事前他有「備課」，一開始就把講題大綱及流程講一遍，讓江口知道以下三天的每一天要談的內容。每天從早上九點開始，一直談到傍晚。上、下午有兩段訪談，晚上則安排輕鬆的晚宴，當然，實質的訪問仍在席上進行，沒有間斷。三天的訪問進行得很順暢，可以說是一氣呵成。最後，李總統對我們開玩笑說：「你們創造了破天荒的紀錄，我從來不曾被『綁架』長達三天過。」

65 李登輝的側面

這次陪江口訪問李登輝，我有幾點觀察和感受。

初抵李府，李總統導引大家看他的書庫、臥房和客廳等等。有個房間放了上百枝高爾夫球桿，真的是很多，把我嚇了一跳。

我對李登輝的記憶力也印象深刻。步入大門即客廳，書庫緊鄰客廳。當李總統講到某本書時，他會叫喚我：「超英，你去我書庫，在第〇層的右邊，有一本書〇〇〇，請你拿來。」我一進去，真的很快找到書的所在，可見他的記憶力很好，書也經常在摸、在讀，不是擺設而已。放眼他的書庫，日文書看起來多很多。

前後六次陪同江口見李總統，總覺得他有一個不同於常人的態度。江口先生為了《台灣的主張》這本書，包括採訪、修稿、再就修正稿進行訪問，面見李登輝六次，每一次我都陪同，每一次我總覺得，李總統待客的態度，從未有客套的寒暄，諸如「飛機上如何？」、「日本目前如何？」、「吃的怎麼樣？住哪裡？」或「順道去看什麼地方嗎？」的話題，非常與眾不同。我覺得他似乎總統當太久了，覺得別人幫他做一些事是理所當然。

對江口如此，更不用說對我了。我第一次帶江口見他時，是我退休後的第一天，他一句寒暄慰問也沒有，只淡淡說：「哦！」每次約訪，我都是自費從紐約回來，他也從未問起相關種種。這樣的性格，讓底下做事的人多少有點心冷。當然，我只讓這種感覺如一片雲，輕飄過我的腦海，因為我所做的一切是為了宣揚台灣民主化的過程，而非為了李總統個人的榮耀。能為台灣做出一點事，我都把它看成是一種福氣。

據張超英多次觀察，李登輝前總統很敏銳，會留三分真話在心裡。

我因公私業務，陪同日本訪客見李總統的次數已經不下數十回，聆聽他對不同對象談論各類問題過，我總感覺他留三分真話在心底，非常敏銳地知道見什麼人該講什麼話。而他真正的意見與想法則令人難以猜測與捉摸。

有可能他在總統任上見了太多日本客人，造成外界「親日」的印象。以我的觀察，他不算是真正的親日派。李登輝身為領導人，深知台灣倚賴日本甚多，他自然要說一些取悅日本人的話，但不代表他偏愛日本，他只是愛台灣，站在台灣的立場來交日本這個朋友。歷來台灣的總統都極盡討好美國，但少有人給他們戴「親美」的帽子。總統們所說所做只是為國家的利益，不一定是因為他們喜歡美國或喜歡日本。

66 《台灣的主張》出版幕後

江口訪問的重頭戲過後，江口和我之間開始很繁複的斟酌草稿過程。我想江口並不清楚我退休後跟政府或李總統還有什麼公私關係，他就是把我認定是對口單位，稿子全用Email先傳給我看。一些與事實有出入者，我會跟他解釋，我也對文字做些微建議，由他斟酌修改，再來台灣見李登輝做細部訪問。

我想這樣也好，不要讓官方的新聞局插手。我在新聞局工作已經幾十年，我擔心若拿給新聞局看，一定跑出許許多多公婆來，你一言，我一語，東改一句，西改一段，不僅毫無效率，也會面目全非，流於官樣文章。

最後一趟再見李總統時，初稿已近完成，接下來要討論的是中文版或日文版先發行。在總統家裡，我們考量當時的政治現實，還是決定必須中文版先面市。雖然中文版是翻譯自日文版。

緊接下來的大事，中文版怎麼出？誰來出版？

中文版給哪家出版社，江口第一個念頭就想到洪建全文教基金會。一九四九年，台日簽定貿易協定，電機家電商洪建全開始結識江口的老闆松下幸之助，松下對台貿易所收到的第一張訂單，即來自洪建全。此後雙方關係日切，從採購進而總代理，最後技術合作、合資創辦「台灣松下電器公司」。所以，江口屬意由洪建全文教基金會出版。但我說，李總統自傳的政治性高，由洪建全基金會出版，味道不對。遠流出版公司負責人王榮文和蘇志誠交好，應該是蘇志誠向李總統進言，最後李總統個人選擇了遠流公司。江口人很客氣，對此表示尊重。

最後一項工作是談江口的版稅。我義不容辭充當翻譯，安排江口和王榮文雙方談版權的問題。我對台灣的出版界談不上熟悉，透過朋友介紹，才約到王榮文。王榮文早先已聽聞過李登輝總統的日文自傳，所以我們沒有多費口舌，隨即進入主題。那一天約在忠孝東路的來來大飯店十七樓，在座有江口、王榮文和我夫婦四人。王榮文是商人模樣，很直接丟出價碼：「一百萬。」江口楞了一下，只問了一句：「日幣或台幣？」經我翻譯後，王榮文以閩南語回說：「好啦！好啦！台幣。」江口看了我一眼，而後淡淡地回應，勉強答應了。

日本文人跟台灣讀書人一樣，不喜歡談錢，也不擅於為自己哄抬身價，有點把出版社當伯樂來看待，江口根本不會與王榮文討價還價。更重要的，江口可能認為王榮文是我的朋友，以日本人的人情義理，他更不會拒絕王榮文提出的價格。而我的立場，我並非江口的經紀人，我不能代表他道東道西，一切由他自主。而且，當時我對台灣的版稅沒有概念，一百萬台幣算多算少，我不知道。事後才知道一百萬台幣的稿費，跟江口在日本文化界的地位實在不相稱，我對江口先生深深感到愧疚。

到此為止，所能貢獻於李總統自傳一書的，我都做了。工作告一段落，我就返回紐約的家。

《台灣的主張》新書發表會時，我去參加了。李登輝當晚宴請江口和黃茂雄，我並沒有受邀。我猜想多少跟我被視為宋楚瑜人馬，而李宋關係當時降到冰點有關。後來，黃茂雄邀我聚餐，提起李登輝問他說：「你怎麼認識張超英？認識他多久？這個人有什麼企圖？」

在《台灣的主張》催生與孕育的過程中，黃茂雄和我接觸很多，之前也常相見，他深知我的理念，一生為台灣做宣傳工作，一心只為宣揚台灣的民主化，不是為誰效犬馬之勞，以圖謀權位。黃茂雄安慰我說：「超英，以後有機會，我會跟李總統解釋你的事情。」

江口當晚從宴會回到飯店，很納悶為什麼我沒被邀，我笑笑以對，不想多做解釋。他倒幫我拿回來一本署名給我的《台灣的主張》，內有李登輝的簽名。那年秋天，江口邀請我們夫婦和黃茂雄夫婦到京都賞紅葉，回到他PHP辦公室時，江口很慎重拿出日文版的《台灣的主張》，在書上簽名，並題「感謝」兩個字，很禮貌的雙手捧送給我。

江口且說，在李總統所著的書上簽他自己的名字，天下只有這一本，他要把這一本送給我。我們心照不宣一笑。

前總統府國策顧問黃越綏是我的老友，古道熱腸，也很關心李登輝對我的誤解，一直勸我找機會和李總統解釋一下，她還願意主動安排。我不敢勞煩她，個人的誤會真的只是小節。

我想，台灣民主化的理念，有中、英、日版本，大概全世界的人都可以透過這本書而了解。這樣的大工程，我有幸促成，已很滿足。

江口克彥邀請黃茂雄（右四）與夫人（右一）、駱錦明（左三）與夫人（左二）、張超英夫婦（右二、三）同遊松下幸之助的私人花園賞紅葉。

後記

陳柔縉

一九九〇年初，蔣經國的兒子蔣孝武出任駐日代表，針對此事，我任職的政論周刊老闆給我一個電話號碼，「打去找張超英，做一個專訪」，那是第一次聽見這個名字，老闆說，他是已卸任的駐日新聞處處長。

這位子說大不大，整個政府同階的何止千百。張超英既卸了任，又不是部會首長，做專訪實在不符常例。那時剛好又和一位日本《讀賣新聞》的記者聊起，他告訴我，如果他要寫台日關係史，有一章一定要寫「張超英時代」。張超英這個人三頭六臂嗎？我心裡長了一朵好大的問號。

慢慢，我知道張超英之名確實在新聞界和外交界如雷貫耳。名氣響亮，不是因為他當過什麼部長、總司令，相反的，他的官位頗小，就只是個處長。對新聞界來說，他有點像電影裡布魯斯威利所飾不受節制的警探，以不按牌理出牌和神勇無比出名，單槍匹馬，做了跟他的職位不相當的大事來。

一九八〇年代，他就能憑個人之力，讓新聞局長宋楚瑜密見了日本首相；原本不看台灣一眼的日本主流大報，紛紛被他打開；九〇年代，李登輝成為日本家喻戶曉的人物，背後的大推手正是張超英。

一九九三年，張超英從紐約回來擔任公視顧問，經老闆引介，我終於見到張超英的廬山真面目。這次，承蒙不棄，他委託我幫他寫口述回憶錄。我因而有更多機會來探究清楚「台灣政府的布魯斯威利」何以神勇的面貌與祕密。

這本書的寫作時間，前後拖延十二、三年，一來是中途張超英回任東京新聞處五年，完全中斷，再者，我們從沒有設定截稿時間，也沒有一張採訪綱目。每年他從紐約回台灣幾個月，我們有空就聊，東南西北，毫無次序。

我從三十歲寫到年過四十，斷斷續續，聽他講故事，永遠充滿驚奇與趣味，如看花火。直到今年最後收網階段，好像終於可以靜靜回顧他的人生，我開始常常邊寫邊流淚。有時，一個人在咖啡店敲著電腦，那裡的喧鬧絲毫無法稀釋我的情緒。

以我對張超英個性的了解，他八成難解我的心情。他自尊自重，知道自己無愧於工作，無愧於台灣，很欣慰自己所達到的成就，有什麼好落淚的。十幾年來，無數輕鬆或嚴肅的談話裡，我從來沒聽過他一聲怨，怨權力者沒回報他更高的位子。我採訪過不少大小官員，十個有九個自認懷才不遇，攻訐與輕蔑同僚就像吃三餐一樣頻繁。轉頭過來看張超英，他老像個政治競技場的新生，沒浸染半點官僚味，頗有權力名位於我何有哉的天真。他會抱怨、生氣、惋惜的都是事情沒做好，台灣沒辦法更有尊嚴、更進步、更民主。十幾年來，我有更長的時間檢視張先生的人格和成就，因而更容易流淚；他那麼淡然，那麼快意，反讓我幫他懷著委屈。

有一次和出版界前輩聊起張先生，對方在長長的談話裡，輕輕說了一句「像他這種小人物」，突然，我有種很深很深被刺傷的痛感。在那以前，那樣的形容，我可能不以為忤、不覺有異，張超英不過就是個處長而已，連常務次長都不是，更不是特任官，形容為小人物，何不當之有!?但當時，我確實非常難過，也很慚愧。

幾十年來，我們的眼裡只有位子高的大的政治人物，我們受惑於位子，誤以為位子高的，才是功勞大的，他們說的話才值得一聽，歷史是他們創造的，他們的身影才值得留在歷史。那一刻，我恍悟自己錯亂了什麼是大、什麼是小。

雖然，我無意把張先生捧成大人物，但他絕非小人物。他那種要盡一己之力，不媚當道，讓台灣更好的純粹念頭和不謀權位的純情行動，特別在此台灣政壇權欲薰心、道德毀棄的時代，民心一片沉悶與低迷中，更值得大家體會與學習。

張超英年表

國際·台灣　重要時事

一九三五	·台灣總督府舉辦紀念治台四十週年「台灣博覽會」
一九三九	·九月，第二次世界大戰爆發
一九四一	·十二月，日本偷襲珍珠港
一九四五	·九月，二戰結束，日本戰敗投降
一九四七	·爆發「二二八事件」
一九四九	·國民黨大撤退入台 ·五月，自《戒嚴令》、《懲治叛亂條例》宣布，台灣開始長達四十三年的「白色恐怖時期」

張超英　一九三三——二〇〇七　大事記年表

一九三三	·二月，於日本東京出生 ·九月，返台 ·十一月，母甘寶釵去世，由祖母扶養
一九三六	·父張月澄（秀哲）在廣東、上海參加反日運動，被禁返台
一九四〇	·轉入上海日本第六小學，與父團聚
一九四二	·戰亂返台，再入建成小學校
一九四四	·避戰疏散，轉入台北郊區北投小學校
一九四五	·四月，考入台北州立第二中學（今成功高中）
一九四七	·二二八爆發後，父張月澄被抓進位於「東本願寺」的臨時拘留所
一九四八	·赴香港Royden House英文書院就讀高中，另延請外國家庭教師精進英文，民主自由意識萌芽
一九五〇	·赴日，於東京文化學院磨練日文
一九五二	·進明治大學政經學部
一九五六	·進上智大學研究院

一九五五	・十一月，越戰爆發
一九六四	・九月，彭明敏與謝聰敏、魏廷朝共同起草著名的「台灣自救運動宣言」
一九六六	・五月，中國文化大革命

一九五七	・申請上耶魯大學國際經濟研究所，因護照問題放棄赴美
一九五八	・初任公務員，進行政院新聞局第三處（資料處），當時台灣籍職員僅三人
一九六〇	・美國總統艾森豪訪台，時任新聞聯絡官
一九六一	・一月，調新聞局聯絡室 ・四月，與台中顏千鶴結婚
一九六二	・二月，長女張家瑜生
一九六三	・三月，次女張得瑜生 ・拍攝紀錄片《寶島三日》獲國際馬賽觀光紀錄片銀座獎 ・九月三日，獲聯合國技術援助獎學金抵達美國紐約 ・九月五日，轉抵加拿大蒙特爾國家電影局研習
一九六四	・四月十九日，由加拿大經紐約返台，調升視新聞局聽科副主任
一九六五	・十二月，長子張致瑜生
一九六六	・十月二十日，率新聞局視聽室同仁赴越南拍攝台灣援助越南農耕隊紀錄片 ・十一月十六日，自越南轉經泰國返台，被誣陷走私，並遭高層逼退
一九六七	・十一月二十二日，奉派紐約新聞處專員，與妻子開始紐約的新生活
一九七〇	・四月二十四日，目睹蔣經國於紐約廣場飯店遇刺

一九七一	・彭明敏逃離台灣後，九月於紐約希爾頓旅館舉辦民眾大會 ・七月九日，季辛吉祕訪中國 ・十月二十五日，聯合國表決通過以中國取代中華民國席位議案，台灣退出聯合國
一九七五	・四月，蔣介石過世、蔣經國繼掌大權
一九七八	・十二月，美國總統卡特突然宣布台美斷交
一九七九	・十二月，美麗島事件爆發
一九八〇	・二月，林宅血案
一九八一	・七月，陳文成事件
一九八四	・十月，江南案
一九八六	・九月，民主進步黨成立
一九八七	・七月，蔣經國宣布解嚴，黨禁失效

	・十月，副總統嚴家淦訪美於白宮見尼克森總統，受NBC（美國全國廣播公司）之託陪同採訪
一九七二	・力促名導演安東尼奧尼的紀錄片《中國》於全台播送；一九七四年，此為自國民黨政府敗退來台二十四年來，台灣人首次可一窺中國的面貌
一九七五	・與妻子奔走，透過紐約州參議員白克萊，援救病危的政治犯謝聰敏保外就醫
一九七八	・十二月十五日，將中美斷交消息提前自紐約傳回台北，為台灣爭取應變的時間
一九八〇	・一月九日，奉派駐日本東京新聞處處長，打破駐日代表處和日本新聞界零關係的現狀，開拓台灣與日本三大報的友好
	・促使赴日簽證申請從兩週到兩天
一九八一	・跟中國打新聞戰，讓台灣得以即時反駁俗稱「葉九條」的聲明
一九八二	・父張月澄過世
一九八三	・安排日本最大報《讀賣新聞》社長小林與三郎密訪台灣十天，並與前總統嚴家淦會面
一九八四	・安排新聞局長宋楚瑜「巧遇」日本首相中曾根康
一九八五	・一月三十日，五十二歲，第一次公職退休，離開東京 ・重返紐約，於曼哈頓開設RG Vedio公司，製作電視節目

一九八八	・一月一日，報禁解除 ・一月十三日，蔣經國過世，蔣家政權象徵性結束
一九九〇	・三月，野百合學運
一九九一	・五月，白色恐怖時期結束 ・五月，廢除「動員戡亂時期臨時條款」 ・十二月，結束「萬年國會」
一九九五	・六月，李登輝總統訪康乃爾大學
一九九六	・三月十八日，首位民選總統誕生
一九九八	・十二月，台灣省政府因功能業務與組織調整而成為中央政府的派出機關，正式凍省（省虛級化）
二〇〇〇	・三月，台灣首次政黨輪替

一九八七	・協助FAPA（台灣人公共事務協會）拍攝於紐約舉辦的「民主聖火長跑」紀錄片
一九九一	・五十九歲學開小飛機
一九九三	・三月，受聘返台擔任公共電視籌備會顧問
一九九四	・六月，再度奉派出任新聞局駐日新聞處處長 ・逐步安排許多重要人士訪問李登輝
一九九五	・於李登輝赴美時，策動日本各大媒體記者隨行採訪，此為台灣總統首度登上日本報紙頭版 ・大阪APEC會議，安排媒體高密度採訪辜振甫，爭取台灣在國際最大曝光機會
一九九八	・七月十五日，第二次公職退休離日返台
一九九九	・促成《台灣的主張》一書出版
二〇〇〇	・十二月，結束紐約的RG Vedio影視工作室
二〇〇一	・至二〇〇二年間，主辦日本財團台日交流工作
二〇〇六	・八月，回憶錄《宮前町九十番地》出版
二〇〇七	・三月，永眠

紀念新版

宮前町九十番地

宮前町九十番地／張超英口述；陳柔縉執筆.
－二版.－臺北市：麥田出版：
家庭傳媒城邦分公司發行，2020.10
面； 公分
ISBN 978-986-344-821-1(平裝)
1.張超英 2.自傳
783.3886 109012629

美術設計 黃暐鵬
印　　刷 漾格科技股份有限公司
初版一刷 2016年08月
二版一刷 2020年10月
二版八刷 2021年10月
定　　價 新台幣400元
I S B N 978-986-344-821-1
Printed in Taiwan

作　　者 張超英（口述）、陳柔縉（執筆）
責任編輯 林如峰
國際版權 吳玲緯
行　　銷 巫維珍　何維民　蘇莞婷　林圃君
業　　務 李再星　陳紫晴　陳美燕　葉晉源
副總編輯 何維民
編輯總監 劉麗真
總 經 理 陳逸瑛
發 行 人 凃玉雲

出　　版

麥田出版
台北市中山區104民生東路二段141號5樓
電話：(02) 2-2500-7696　傳真：(02) 2500-1966
網站：http://www.ryefield.com.tw

發　　行

英屬蓋曼群島商家庭傳媒股份有限公司城邦分公司
地址：10483台北市民生東路二段141號11樓
網址：http://www.cite.com.tw
客服專線：(02)2500-7718; 2500-7719
24小時傳真專線：(02)2500-1990; 2500-1991
服務時間：週一至週五09:30-12:00; 13:30-17:00
劃撥帳號：19863813　戶名：書虫股份有限公司
讀者服務信箱：service@readingclub.com.tw

香港發行所

城邦（香港）出版集團有限公司
地址：香港灣仔駱克道193號東超商業中心1樓
電話：+852-2508-6231　傳真：+852-2578-9337
電郵：hkcite@biznetvigator.com

馬新發行所

城邦（馬新）出版集團【Cite(M) Sdn. Bhd. (458372U)】
地址：41, Jalan Radin Anum, Bandar Baru Sri Petaling,
57000 Kuala Lumpur, Malaysia.
電話：+603-9057-8822　傳真：+603-9057-6622
電郵：cite@cite.com.my